**6시간에 끝내는
생활영어 회화천사**

5형식/준동사

무료강의
goo.gl/8id6df

6시간에 끝내는 생활영어 회화천사: 5형식/준동사

1판 1쇄	2017년 1월 14일
1판 2쇄	2017년 9월 8일

지은이	Mike Hwang
발행처	Miklish
주소	서울시 서대문구 홍제동 156-361, 501호
전화	010-4718-1329, 070-7566-9009
홈페이지	miklish.com
e-mail	iminia@naver.com
ISBN	979-11-87158-01-1

국립중앙도서관 출판예정도서목록(CIP)

6시간에 끝내는 생활영어 회화천사 : 5형식/준동사
= English is Two / 지은이: Mike Hwang. --
서울 : Miklish, 2017   192p. ;   12.7cm X 18.8cm

본문은 한국어, 영어가 혼합수록됨
ISBN 979-11-87158-01-1 18740 : ₩13800
ISBN 979-11-951702-7-2 (세트) 14740

영문법[英文法]
생활 영어[生活英語]

745-KDC6
425-DDC23   CIP2016028491

6시간에 끝내는 생활영어 회화천사

전치사 / 접속사 / 의문문

5형식 / 준동사

문장을 나누는 5가지 구조

변형된 동사의 3가지 형태

Mike Hwang 지음

Miklish.com

머리말

✶ 영어의 배신

문법 없는 영어의 배신: 아기가 모국어를 배우듯 문법 없이 영어를 배울 수 있다는 말은 거짓말입니다. 그 방법은 아기 때나 가능한 방법이고, 약 6살 이후부터는 불가능한 방법입니다. '나는 집에서 밥을 먹는다'를 순서대로 영어로 하면 I home rice eat인데, I를 먹는지 home을 먹는지 rice를 먹는지 알 수 없습니다. 문법 없이 가르치는 영어 학습법의 대부분은 사라졌습니다. 문법 없는 영어는 피하셔야 합니다.

한국 영어의 배신: 10년을 공부해도 글로 써놓으면 이해가 되는데 말로 하기는 어렵습니다. 왜냐하면 한국 영어교육은 영어 문장을 분석하는 방법만 주로 가르치고 문장을 만드는 방법은 잘 가르치지 않기 때문입니다. 그 결과 쉬운 문장도 틀리게 말하곤 하는데, Do you happy?라고 하거나, He like me.라고 합니다(책 p.16, p.40참고). 영어를 말할 때는 완전히 다른 사고 과정을 거칩니다. 그 사고 과정을 두가지로 나눠 설명하는 것이 생활영어 회화천사입니다.

문장 패턴의 배신: 최근에는 패턴으로 가르치는 영어가 많습니다. 하지만 문장패턴이 중심이 되면 수백, 수천 개가 되어서 배우는데 수년의 시간이 걸립니다. 게다가 대부분은 기초영어 수준에서 머물러 있는 경우가 많습니다. 하지만 문법을 중심으로 패턴을 배우면 약 60개의 패턴만으로 실생활 대부분의 경우를 해결할 수 있습니다. 이 책에서는 I'm happy.와 You're sad.를 하나의 패턴으로, I make you eat.과 They let us go.를 하나의 패턴으로 익힙니다.

무료 교재의 배신: 무료로 주는 교재는 교재만으로는 이해가 안 됩니다. 교재를 익히려고 강의료를 보면 교재의 10배에서 30배까지 지불해야 합니다. 하지만 마이클리시의 책은 모든 강의가 무료입니다. 영어를 읽지도 못하던 60대 어머니께서 2년째 배우고 계시며, 이 무료강의로 누구든 쉽고 재미있게 배울 수 있습니다. 영어가 두렵고 어려우셨던 분들은 이 강의goo.gl/zfx86z를 통해 14분 만에 두려움을 극복할 수 있습니다. 궁금한 점은 언제나 miklish.com 에서 질문답변을 통해 해결해드립니다. 사이트에 이 책의 무료강의와 원어민 MP3, 영어 공부법과 각종 부자료도 있습니다. 이번엔 포기하지 않도록 최선을 다해 돕겠습니다.

좋은 **회화 패턴책**

Mike Says

■ 무료강의

책으로 생각을 전달하는 데에는 한계가 있다. 최근에 출간된 괜찮은 책들 대부분은 무료 강의를 포함하고 있다. 이 책 역시 goo.gl/8id6df와 miklish.com에서 책 전부를 무료로 강의한다.

■ 쉬우면 쉬울수록 좋다.

영어가 안 되는 이유는 쉬운 문장이 익숙하지 않기 때문이다. 회화책을 보면 자신의 수준에 못 미친다는 생각이 많이 들 것이다. 하지만 이해할 수 있는 문장과 만들 수 있는 문장은 다르다. 학습자 대부분은 글(독해)에 비해 말하기·쓰기를 어려워한다.

독해책에서 나오는 복잡한 문장은 대화에서 잘 사용하지 않는다. 원어민의 영어가 복잡해 보이는 이유 중 하나는 문장이 길어서인데, 알고 보면 쉬운 문장 여러 개가 붙어 있을 뿐이다.

쉬운 문장을 잘 만들어 내면 돌려 말할지라도 하고 싶은 말을 다 할 수 있고, 독해 속도도 빨라지고, 긴 문장에서도 구조를 볼 수 있게 된다. 그리고 중급 수준에 도달하면 영화, 드라마, 잡지, 소설, 여행 등 즐기면서 공부할 수 있는 소재가 널려 있다.

■ 응용 가능한 패턴은 다르다.

패턴 책들 대부분은 상황 중심이다. 하지만 현실은 수천 가지의 상황에 수만 가지 어휘가 있어서, 수백 개의 패턴과 어휘만으로는 다 해결할 수 없다. 하지만 구조 중심, 문법 중심이 되면 60개의 구조만으로 거의 모든 경우를 해결할 수 있다. 그리고 어휘는 중학생 수준이면 일상 회화에는 충분하다.

이 책이 어렵다면, 80시간의 무료강의가 있는 8시간에 끝내는 기초영어 미드천사: 왕초보패턴, 기초회화패턴을 먼저 공부하고 이 책을 보는 것을 추천한다. 그 책도 어렵다면 8문장으로 끝내는 유럽여행 영어회화를 추천한다.

2. 좋은 문법책

Mike Says

■ 문법의 모든 내용을 다 다뤄야 한다.

명사와 동사의 수, 형용사, 부사, 시제, 조동사, 분사, 부정사, 5형식, 관계대명사, 의문문까지 문법의 전반적인 내용을 모두 포함하지 못한 문법책은 학습자가 빠진 부분을 배우기 위해 다시 처음부터 공부하게 만든다. 이 책은 2권(1권: 5형식, 준동사, 2권: 의문문, 접속사)에 걸쳐 문법의 모든 내용을 다뤘다.

그렇다고 세부적인 내용을 한 권에 다 담을 수는 없다. 학습자의 수준에 맞추다 보면, 너무 쉬운 부분이나 어려운 부분은 학습효과를 떨어트리기 때문이다. 하지만 문법의 모든 부분에 대해 조금씩은 다 다루고 있어야 한다. 그래야만 학습자가 문법 전체의 뼈대를 세울 수 있다. 전체를 볼 수 있게 되면 이후에는 필요한 부분만 살을 붙여 나가면 된다. 영어가 쉬워진다.

■ 이해할 수 있어야 한다.

책의 어떤 페이지를 펼쳐도 이해할 수 있어야 한다. 최대한 학습자의 입장에서 설명하고 문제를 만들어야지 학습자가 쉽게 받아들인다.

예를 들어, 책의 앞부분에서 관계대명사나 to부정사를 아직 설명하지 않았는데 예문이나 문제에는 버젓이 들어가 있다면 학습자는 그 문제를 풀 수 없기 때문에 좋은 책이 아니다.

■ 활용 가능한 문법은 다르다.

문법을 문법으로만 배우면 쓸모가 없다. 시험을 대비하려면 문법을 실제 시험 문제에 적용할 수 있도록 집필해야 한다. 말하기·쓰기(생활영어 회화천사, 미드천사, 영화영작)에 적용 가능한 문법과 독해에 적용 가능한 문법(나쁜 수능영어, 잠언 영어 성경) 또한 다르다. 이 책은 문법을 생활영어회화에 적용할 수 있도록 집필했다. 15권의 생활영어회화 책을 분석해서 실제로 쓰이는 문장 4000개를 선별했고, 그중에 약 500문장씩을 담았다. 또한, 10년 간의 경찰, 9급 공무원, 7급 공무원 생활영어회화 문제에서 핵심 문장을 뽑았다.

3 이 책의 **장점 7가지**

Mike Says

■ 무료강의와 선생님

이 책 전체의 무료강의를 들을 수 있다(goo.gl/8id6df). 마이클리시 카페(miklish.com)에서 영어에 대한 모든 질문은 늦어도 3일 내에는 답변을 받을 수 있다.

■ 용어 사용을 자제했다.

기존의 문법 용어는 되도록 쓰지 않아서 부담감이 적고 이해하기 쉽다. 꼭 필요한 경우에는 설명을 달았다.

■ 빠르다.

최종적으로 인지하는 문법과 단어를 앞에 내세웠다. 예를 들어, 말하는 중에 주어가 뭔지 찾으려면 복잡하지만, 하고 싶은 말에서 **누가**를 찾기는 쉽다. 또한 전치사를 **에서집**으로 쉽게 이해하면 바로 말하기·쓰기에 적용할 수 있다.

■ 문장을 만들 수 있다.

문장을 분석할 때와 만들 때의 생각의 흐름은 완전히 다르다. 학습자가 만들 수 있는 예제를 제시하기 위해 많이 고민했다. 아무리 자연스러운 문장이라도 어려워서 만들 수 없다면 소용없다. 단원마다 먼저 쉬운 문장으로 연습한 뒤, 조금 어렵지만 같은 구조를 가진 자연스러운 실제 문장을 익힐 수 있도록 단계별로 집필했다.

■ 문법과 회화패턴을 결합했다.

문법과 독해를 잘 아는 사람이 말은 잘 못 한다든지, 말은 조금 하는데 복잡한 문장은 못 만드는 사람이 있다. 그 이유는 각각의 스킬문법, 독해, 어휘, 회화 등을 따로 배웠기 때문이다. 각각은 어느 수준 이상이 되면 만나지만 그러기까지 시간이 오래 걸린다. 애초부터 두가지를 같이 배우면 더 빠르고 재미있게 배울 수 있다.

■ 2와 7로 제한하여 만들었다.

2와 7은 이 책에서 중요한 숫자이다. 사람은 최대 2가지를 동시에 생각 가능하고 3가지부터는 불가능하다고 한다.프랑스 국립 보건의학연구소 INSERM, 2010. 4. 16. 주요 문법을 2개로 나눠서 설명했으며, 의미가 여러 가지일 때는 가장 많이 쓰는 2가지를 중심으로 설명했다.

사람이 한 번에 기억할 수 있는 양은 7±2개라고 한다.the Magical Number Seven by George A. Miller, 1956 평균적으로 7개의 숫자는 기억하기 쉽지만, 8개부터는 사람에 따라 어려울 수 있다. 그래서 한 문법패턴을 익히기 위해서 7개의 문장만 섞어서 연습하도록 했다.

■ 핵심 단어만 선별했다.

남녀 두가지 패턴에서는 가장 많이 쓰는 단어 중심으로 문법과 말하기에 집중할 수 있도록 품사별로 7개만 반복해서 사용했다. 원어민이 가장 많이 쓰는 어휘를 분석해서 선별했다.

동사 7 eat go have know like use study
　　　　　먹다 가다 가지다 알다 좋아하다 사용하다 공부하다
보조동사 7 make write give want drink enjoy take
　　　　　　만들다 (글)쓰다 주다 원하다 마시다 즐기다 가져가다
명사 7 rice apple cat Mike man school English
　　　　　밥 사과 고양이 마이크 남자 학교 영어
보조명사 7 book letter music home money car water
　　　　　　책 편지 음악 집 돈 자동차 물
형용사 7 happy delicious easy hungry slow fat tired
　　　　　　행복한 맛있는 쉬운 배고픈 느린 뚱뚱한 피곤한

실전 생활영어에서는 미국인의 일상회화 90%를 해결하는 1004어휘를 중심으로 생활영어회화 표현을 익힌다. 1004어휘는 <8시간에 끝내는 기초영어 미드천사>에 수록되어 있으며 miklish.com의 기초영어 미드천사 게시판에도 있다.

4. 영어 공부 **7계명**

Mike Says

■ 이해가 안 되면 넘어가라.

한 번 봐서는 전부 이해할 수 없다. 나중에 다시 볼 생각으로 이해가 안 되면 일단은 넘어가자. 전체적인 뼈대를 아는 게 먼저다. 3번 이상 보면 이해 안 되던 부분도 이해할 수 있다. 반복해서 볼수록 읽는 속도도 빨라지고, 이해할 수 있는 범위도 넓어진다. 독해책이든 문법책이든 모든 책을 한 번에 완벽하게 익히기 보다는 대충 여러 번 훑어보자.

■ 복습보다 예습이 낫다.

언어는 복습과 예습 중에 하나만 해야 한다면 예습이 낫다. 예습하면 자신감이 생기고, 수업에서 건너뛰더라도 어디쯤 이야기하고 있는지 빨리 잡아낼 수 있다. 복습보다 시간 대비 효과가 좋다. 학교나 학원에서 수업을 듣기 전에 꼭 미리 읽고, 모르는 단어는 모두 익히고 수업을 듣자.

■ 모든 것을 영작하라.

이 책을 1회독 한 이후에는 눈에 보이는 모든 문장, 자신이 평소에 하는 모든 말을 머릿속에서 영어로 만들어 본다. 영어로 만들어지지 않는 문장은 적어두었다가 naver나 google에서 검색해 본다. 그래도 모르겠으면 저자의 사이트 miklish.com에 문의 바란다.

■ 영영사전을 활용하라.

영영사전은 영한사전에 비해 많이 사용되는 순서로 어휘가 잘 정리되어 있으며, 설명이 짧고 명쾌하다.Longman Active Study 사전을 추천한다 또한 원어민의 입장에서 궁금해하는 부분명사의 수, 문법적 활용 등에 대해 나와 있어서, 조금만 익숙해지면 영한사전보다 빠르고 편리하다. 지금 단계에서는 아니더라도 나중에는 활용해보도록 하자.

■ 모르면 물어보라.

모르는 건 창피한 게 아니다. 알기 위해 노력하지 않는 태도가 창피한 것이다. 스스로 공부해서 알아내려고 하면 시간을 들여도 알기 어려운 경우가 많다. miklish.com에 질문하면 늦어도 3일 내에는 답변을 들을 수 있다.

■ 1시간씩 10년보다 10시간씩 1년이 낫다.

언어는 처음에 머릿속에 자리 잡기는 힘들지만 일단 머릿속에 자리 잡으면 잘 잊혀지지 않는다. 적은 양의 자극은 쉽게 잊어버린다. 특히 초반에는 일정량 이상의 자극을 받기 위해 많은 시간을 쏟는 게 좋다.

■ 자극을 받아라.

학원에 다녀도 좋고, 스터디 그룹을 만들어도 좋다. 하다못해 미국 드라마라도 매일 보자. 강한 동기를 부여하지 못하거나 재미를 느낄 수 없다면 오랜 기간 어학 공부는 불가능하다. 적어도 6개월에서 1년은 해야 중급 이상_{원하는 말을 영어로 하는 데 큰 어려움을 느끼지 않는 수준}이 될 수 있다.

책의 **구성**과 공부법

5

Mike Says

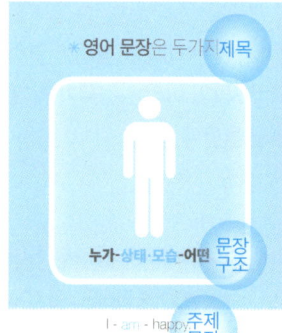

영어 문법을 가장 핵심적인 두 가지 문장(남자, 여자)으로 나눠서 설명한다.

왼쪽 페이지(남자) 먼저 설명하며, 이후에 오른쪽 페이지(여자)를 설명한다.

MP3 무료강의 및 원어민 음성은 꼭 듣는 것을 추천한다.

p.26

제목과 기본설명 중심으로 읽은 뒤, 필요한 경우에만 패턴 설명과 과정 설명을 읽어본다.

패턴 연습 방법은 다음 페이지(p.16)에 있다. 이 두 페이지는 <8시간에 끝내는 기초영어 미드천사>보다 쉽다.

p.28

앞서 배운 것과 같은 구조의 생활 영어문장과 공무원 기출 문장을 익힌다.

이 두 페이지는 <8시간에 끝내는 기초영어 미드천사>보다 어렵고 <4시간에 끝내는 영화영작>보다 쉽다.

p.30

파란색의 남자 페이지가 끝나면 붉은색의 여자 페이지가 나온다.

남자 페이지와 같은 구성으로 되어있다.

p.40

패턴 연습하는 법

Mike Says

최대한 빠르게 왼쪽의 한글 문장을 영어로 말해 보자.

나는 밥을 먹는다.	I eat rice.
그녀는 밥을 먹는다.	She eats rice.
너는 밥을 먹니?	Do you eat rice?
그녀는 밥을 먹지 않는다.	She doesn't eat rice.
그녀는 밥을 먹니?	Does she eat rice?
너는 밥을 먹지 않는다.	You don't eat rice.
그들은 밥을 먹니?	Do they eat rice?
너는 행복하니?	?

   마지막 문장을 Do you happy?라고 했을 것이다.
   정답은 Are you happy?이다. happy는 좋아하는 행동p.40을 하는 게 아니라 **상태·모습**p.28을 설명하는 형용사이기 때문에 조동사가 아니라 **be동사**=비동사로 질문해야 한다.
   기초가 튼튼하지 않으면 Do you happy?와 Are you eat rice.를 말하게 된다. 한국어와 다른 구조이기 때문에 제대로 처리하기는 쉽지 않다.
   눈으로 보고 영작하는 것과 귀로 들리는 걸 바로 영작하는 것은 다르기 때문에 오른쪽 페이지의 문장을 실습할 때는 무료강의를 듣거나(goo.gl/8id6df) 둘이 공부하는 것을 추천한다. 어렵다면 빈칸에 먼저 영작해본 뒤에 말로 공부한다.

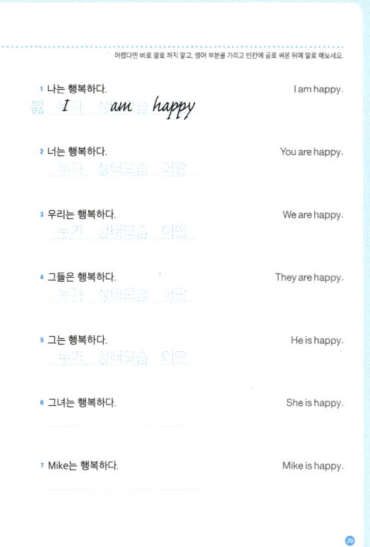

둘이서 **말로 영작하기**
한 사람은 문제 내고 한 사람은 답변

A: 나는 행복하다. 문제

B: I am happy. 맞음

A: 너는 행복하다. 문제

B: You are happy. 맞음

A: 그는 행복하다. 문제

B: He are happy. 틀림

A: He is happy. 고쳐주기

B: 그들은 행복하다. 문제

...

10-30문장 반복 후 역할 바꾸기.

p.29

✱ 공부순서
무료강의 듣기 》 빈칸에 글로 영작하기 》 말로 영작하기 》 생활영어 10문장
생략가능

    둘이 공부할 때, 문제 내는 사람은 책을 보면서 오른쪽 페이지의 문장의 순서를 섞어서 한국어로 내고, 문제 맞히는 사람은 책을 절대 보지 말고 문장을 듣고 최대한 빠르게 영어로 대답하는 것이다. 틀리게 대답했으면 문제 낸 사람이 옳은 문장을 말해 주고, 맞게 대답했으면 바로 다음 문장을 문제 낸다.

    한 사람이 그 패턴에 어느 정도 익숙해지면, 역할을 바꿔서 다시 진행한다. 문제를 내는 사람은 최대한 많이 틀리게끔 섞어서 내고, 맞추는 사람은 최대한 빠르게 맞출 수 있도록 한다.

한글과 영어의 **차이점**

Mike Says

■ 외국인을 만났다.

밥 먹었냐고 묻기에 **나는 집에서 밥을 먹는다**를 영어로 대답한다.

나는 학교에서   밥을   먹는다.
 I   school   rice   eat

근데 이 문장은 잘못된 문장이다. 영어에는 조사나는 학교에서 밥을 먹는다가 없기 때문이다. 해석하면 나 학교 밥 먹어가 된다. 학교를 먹는지, 밥을 먹는지, 나를 먹는지 알 수가 없다. 한글은 조사가 있어서 각 단어의 순서를 바꿔도 쉽게 이해할 수 있다: 학교에서 밥을 먹는다 나는 / 나는 밥을 먹는다 학교에서 / 먹는다 학교에서 나는 밥을.

■ 그러나 영어는 조사가 없다.

조사가 없는 대신에 자주 쓰는 조사는 단어의 순서에 따라 자동으로 붙는다. 첫 단어에는 누가, 두 번째 단어에는 한다 세 번째 단어에는 무엇을이 붙는다.

I school rice eat을 바르게 배열하면,

누가 - 한다 - 무엇을
 I   eat   rice

여기까지는 단어의 순서를 꼭 지켜서 배열해야 하고 그 뒤에는 순서에 상관없이 말하면 된다: 학교에서는 at school, 월요일에는 on monday, 친구들과는 with friends. 문장의 형식으로는 3형식인데 사실 영어 문장의 대부분 80% (Complex Sentences by Susan Mandel Glazer)은 3형식이다.

■ 또 다른 문장의 형태는 비동사_{상태·모습}를 쓴다.

　　누가 - 상태·모습 - 어떤
　　I　　　am　　happy.

이렇게 영어 문장의 형태는 2가지가 있어서, 영어로 말할 때 **행동**에 관한 건지, **상태·모습**에 관한 건지를 판단하면서 말해야 한다.

■ 영어를 잘하는 것이란?

위의 2가지 문법 패턴을 얼마나 체득하고 있는지가 영어에 얼마나 빠르게 반응할 수 있는지를 결정한다. 들을 때는 쉽게 들어도, 막상 말하려고 하면 쉬운 문장조차 막혀서 잘 못하는 이유는 위의 두가지 문장 구조에 익숙하지 않기 때문이다. 이 책에서는 위의 2가지 패턴을 확장해 영어 전체를 볼 수 있는 힘이 생기도록 한다.

동영상으로
한글과 영어의 차이점
더 쉽고 자세하게 익히기
goo.gl/p576xq

차례

🎤 Mike Says

1 좋은 **회화 패턴책** (8)
2 좋은 **문법책** (9)
3 이 책의 **장점 7가지** (10)
4 영어 공부 **7계명** (12)
5 책의 **구성**과 공부법 (14)
6 패턴 연습하는 **법** (16)
7 한글과 영어의 **차이점** (18)

5형식

✻ 영어 문장은 두가지

1 상태·모습은 **누가**에 따라 바뀐다 (28) I am happy.
2 실전 생활영어 (30)
3 어떤에 **사물**도 올 수 있다 (32) I am a cat.
4 실전 생활영어 (34)
5 누가와 **상태모습**은 주로 줄여 쓴다 (36) I'm happy.
6 실전 생활영어 (38)
7 한다는 **누가**에 따라 바뀐다 (40) He eats rice.
8 실전 생활영어 (42)
9 실전 생활영어 (44)

✻ 명사의 종류는 두가지

10 셀 수 **있는** 명사 (48) There is an apple.
기본 연습1 (50) 명사의 복수, 동사의 단수 만들기
11 셀 수 **없는** 명사 (52) There is rice.
12 실전 생활영어 (54)
13 실전 생활영어 (56)

✻ 그 사람은 두가지

14 서로 알고 있는 것을 말할 때 **60** The man eats rice.

15 실전 생활영어 **62**

16 내가와 나를은 다른 단어 **64** He likes me.

17 실전 생활영어 **66**

18 실전 생활영어 **68**

19 실전 생활영어 **70**

✻ 과거의 문장은 두가지

20 과거의 **상태·모습**을 말할 때 **74** I was happy.

21 실전 생활영어 **76**

22 과거의 **행동**을 말할 때 **78** I ate rice.

기본 연습2 **80** 동사의 -ed형 불규칙과거형 만들기

23 실전 생활영어 **82**

✻ 빠진 문장은 두가지

24 무엇을을 쓰지 않는 1형식 **86** I eat.

25 실전 생활영어 **88**

26 누가를 쓰지 않는 명령문 **90** Eat rice.

27 실전 생활영어 **92**

28 하지마라고 하는 명령문 **94** Don't eat rice.

29 실전 생활영어 **96**

✻ 한다 다음 무엇을이 아닐 때

30 누구에게-무엇을 4형식 **100** I give (you) rice.

31 실전 생활영어 **102**

32 무엇을-어떻게 1 5형식 일반동사 **104** I make you happy.

33 실전 생활영어 **106**

34 무엇이-어떻게 2 5형식 사역동사 **108** I make you eat rice.

35 실전 생활영어 **110**

준동사

* 동사의 형용사 형태는 두가지

36 잠시 ~하고 있는 **상태·모습** (116) I am eating rice.

기본연습3 (118) 한다(동사)+ing 만들기

37 실전 생활영어 (120)

38 과거에 잠시 ~하고있는 **상태·모습** (122) I was eating rice.

39 밥은 아무것도 하지 않았다 (수동태) (124) Rice was eaten.

기본연습4 (126) 불규칙 동사 만들기

40 실전 생활영어 (128)

41 실전 생활영어 (130)

* to+한다는 두가지

42 to+**한다**가 **무엇을**일 때 (134) I want to eat rice.

43 실전 생활영어 (136)

44 **한다**+ing가 **무엇을**일 때 (138) I stop eating rice.

45 실전 생활영어 (140)

46 to+**한다**가 **누가**나 **무엇을**이 아닐 때 (142) I want money to eat rice.

47 실전 생활영어 (144)

48 누가-상태·모습-어떤 뒤의 **to+한다** (146) I'm happy to eat rice.

49 실전 생활영어 (148)

* 한다의 상태모습은 두가지

50 변화 과정이 보이는 **한다** (152) I get happy.

51 실전 생활영어 (154)

52 감각이 느껴지는 **한다** (156) It feels good.

53 실전 생활영어 (158)

＊ **아니**라는 문장은 두가지

54 상태·모습 뒤의 not은 **아니**라는 문장 ⑯ I am not happy.

55 실전 생활영어 ⑯

56 한다 앞의 don't는 아니라는 문장 ⑯ I don't eat rice.

57 실전 생활영어 ⑯

부록

공무원 생활영어 기출문제 33

동사의 종류별 불규칙 변형

마이클리시 커리큘럼 ⑯
감사드립니다 ⑲
저자되기 이벤트 ⑲

문장과 관련된 사진을 보내주시면
추가문장 책과 **마이클리시 신간**을
우편으로 보내드립니다.
선착순 120권 한정 수량!
참여 주소: **goo.gl/ocxx9s**

✴ 앞서 이야기한 것처럼 영어문장은 단어의 순서에 따라서 자동으로 조사가 붙습니다다. 대부분은 '누가-한다-무엇을' 구조(3형식)이지만, 종종 '누가-상태모습-어떤'구조(2형식)인 경우도 있습니다.
2형식: 1.상태·모습은 누가에 따라 바뀝니다 p.28
3형식: 7.한다는 누가에 따라 바뀝니다 p.40

위의 구조 외에도 '한다'의 뜻이 '주는' 의미인 경우 '누가-한다-(누구에게)-무엇을' 구조(4형식)인 경우도 가끔 있고, '한다'의 의미가 '시키는'의미인 경우에 '누가-한다-무엇이-어떻게' 구조(5형식)인 경우도 있습니다.
4형식: 30.누구에게-무엇을 p.100
5형식: 32.무엇을-어떻게 1 p.104

그리고 드물게 '누가-한다-무엇을'에서 '무엇을'을 서로 알고 있거나 쓸 필요가 없는 '누가-한다' 구조(1형식)도 있습니다.
1형식: 24.무엇을을 쓰지 않는 1형식 p.86

어떤 학자는 영어를 5개가 아니라 더 많은 구조로 나누기도 하지만, 대부분의 책에서는 5개로 나눕니다.

현재의 배우는 단계에서는 구조를 익히기 위해 5형식을 생각하면서 배우지만, 실제로 영어를 말할 때 5형식 중에 어떤 형식인지 생각하면서 말하지는 않습니다. 먼저 '행동'인지 '상태모습'인지를 (본능적으로) 결정하고, '행동'이라면 '행동'에 어떤 동사가 오느냐에 따라 '누가-한다' 뒤에 어울리는 말을 이어가면 되는 것입니다.

다시 말해, 이 책의 주된 내용은 영어 문장은 크게 봤을 때 5개의 구조가 아니라 2개의 구조이며, 그 2개의 구조 중 한개에서 나머지 3개가 파생됐다는 것입니다. 그러므로 2개의 구조의 의미와 차이를 익히고 연습하는 것이 가장 빠르게 영어회화를 익히는 방법입니다.

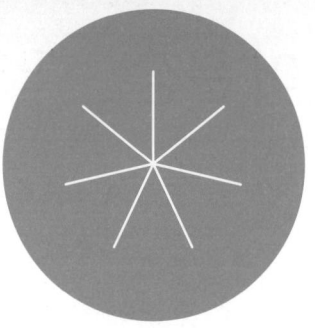

5형식

문장을 나누는 5가지 구조

영어 문장구조*

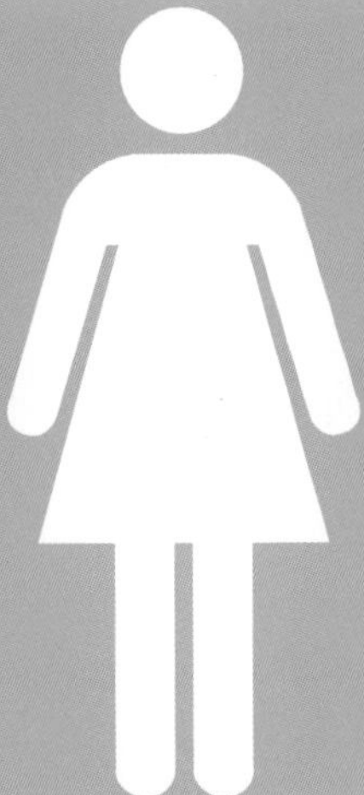

누가 - 한다 - 무엇을

I - eat - rice.

행동에 대해 말할 때

무료강의, MP3
goo.gl/H1RG9F
대소문자 주의

상태·모습은 누가에 따라 바뀐다

1 관련단원 미드천사 왕초보패턴 6단원, 영화영작 기본패턴 3단원

I am happy.

누가 　　상태·모습　　　어떤
내가 　상태·모습이다　　행복한

✻ **누가**를 명확히 해주기 위해 상태·모습에서 한 번 더 구분한다.

✻ **패턴설명**
　누가-상태·모습-어떤은 상태·모습(=비동사)에 대해 말할 때 쓴다. 그리고 **상태·모습** 뒤에는 **누가**를 꾸며주는 말(어떤=보어:주로 형용사)이 와야 한다.
　I am happy. happy=형용사

✻ **대명사란**
　명사를 대신해서 쓰는 말을 대명사라고 한다. p.64
　I: 나는
　You: 너는
　He: 그는(남자)
　She: 그녀는(여자)
　It: 그것은

❶ **누가-상태·모습-어떤**에서
　I am happy. 나는 상태모습이다/ 행복한

❷-1 **누가**가 I이면 **상태·모습**은 am
　I am happy. 나는 상태모습이다/ 행복한

❷-2 **누가**가 한 명이면 **상태·모습**은 is
　He is happy. 그는 상태모습이다/ 행복한

❷-3 **누가**가 여러 명이면 상태·모습은 are이다.
　We are happy. 우리는 상태모습이다/ 행복한

❷-4 you는 여러 명일 때도 있으므로 are이 온다.
　You are happy. 너는 상태모습이다/ 행복한

어렵다면 바로 말로 하지 말고, 영어 부분을 가리고 빈칸에 글로 써본 뒤에 말로 해보세요.

1 나는 행복하다. I am happy.

쓰기연습 I 가   am 태모습   happy 떤

2 너는 행복하다. You are happy.

누가   상태모습   어떤

3 우리는 행복하다. We are happy.

누가   상태모습   어떤

4 그들은 행복하다. They are happy.

누가   상태모습   어떤

5 그는 행복하다. He is happy.

누가   상태모습   어떤

6 그녀는 행복하다. She is happy.

_____ _____ _____

7 Mike는 행복하다. Mike is happy.

_____ _____ _____

실전 생활영어

2

lucky [lʌki] 운 좋은 busy [bizi] 바쁜
dead [ded] 죽은 expensive [ikspénsiv] 비싼
unconscious [ʌnkánʃəs] 의식이 없는

8
2015 서울시 9급

찍어도 항상 다 맞아!
나는 운이 좋아.

누가   상태모습   어떤

9

귀찮은 듯한 너의 목소리 (더 자주: 대화가 필요해)
나 지금 바빠.

누가 / 상태모습   어떤   now.

10
2013 지방직 9급

복수를 외칠 때
너 완전 죽었어!

누가   상태모습 so   어떤

11
2011 지방직 9급

등록금 하면 떠오르는 말
그것은 너무 비싸다.

누가   상태모습 too   어떤

12

술을 너무 많이 마셔서
그녀는 의식이 없다.

누가   상태모습   어떤

문법 un은 not(아님)을 의미한다.

정답

8 I am lucky.
9 I am busy now.
10 You are so dead.
11 It is too expensive.
12 She is unconscious

rainy [réini] 비오는 full [ful] 가득찬
hungry [hʌ́ŋgri] 배고픈 precious [préʃəs] 소중한
innocent [ínəsənt] 무죄인

13  태양을 피하고 싶을 때는 나를 불러!
그것은 비온다.
　누가　상태모습　어떤

14 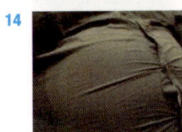 이럴 때 가장 행복해
나는 배부르다(가득찼다).
　누가　상태모습　어떤

15  먹고 먹고 또 먹고 싶다면
나는 항상 배고프다.
　　　　　　　always

16  골룸이 반지에 말고 자녀에게 써주면 좋은 말
너는 아주 소중해.
　　　　　　　so

17 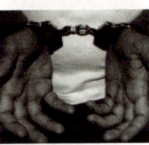 범죄자들이 항상 하는 말
2013
3차
경찰
나는 무죄야.

13 It is rainy.
14 I am full.
15 I am always hungry.
16 You are so precious.
17 I am innocent.

어떤에 사물도 올 수 있다

3
관련단원 미드천사 왕초보패턴 6단원, 영화영작 기본패턴 3단원

I am a cat.
누가 상태모습이다   어떤
내가 상태모습이다   한   고양이인

✱ 사물이 올 때는 대부분 **앞에** a가 붙거나 **뒤에** s가 붙어야 한다.

✱ 패턴설명

누가를 꾸며 주는 말(어떤=보어:주로 형용사)로 **형용사**(어떤 사람, 어떤 물건에서 어떤에 해당하는 말, 예: 행복한happy, 작은small, 큰big 등), **명사**(사물의 이름말, 학생student, 책book, 선생님teacher, 꿈dream), 부사구가 올 수 있다. 부사구는 <6시간에 끝내는 생활영어 회화천사: 전치사/접속사>에서 다룬다.

I am happy. 형용사
I am a teacher. 명사
I am at school. 부사구

✱ 한정사

a, the, this, my, some, any 등을 **한정사**라고 한다. 한정사는 **뒤에 나오는 단어가 명사임을 알려주는** 단어로서 한 개일 때는 a/an, 여러 개일 때는 명사 뒤에 -s/-es를 붙인다. 대부분의 명사 앞에는 한정사를 써야 한다. p.48참고

❶ **누가-상태·모습-어떤**에서
I am happy. 나는 상태모습이다/ 행복한.

❷ **어떤**에 happy(형용사) 대신에 명사(사물)를 쓸 수 있다.
I am cat. 나는 상태모습이다/ 고양이인

❸-1 명사가 한 명(한 개)일 때 앞에 'a'를 붙인다.
I am a cat. 나는 상태모습이다/ 한 고양이인

❸-2 명사가 여러 명(여러 개)일 때 뒤에 's'를 붙인다.
s를 붙이는 자세한 방법은 p.50 참고.
We are cats. 우리는 상태모습이다/ 고양이들인

18 나는 한 고양이이다.   I am a cat.

19 그것은 한 책이다.   It is a book.

20 그것들은 책들이다.   They are books.

21 그것은 한 고양이이다.   It is a cat.

22 그것은 한 학교이다.   It is a school.

23 우리들은 고양이들이다.   We are cats.

24 너희들은 고양이들이다.   You are cats.

실전 생활영어 4

vegetarian [vedʒətəriən] 채식주의자 **stranger** [stréindʒər] 외지인
steal [stiːl] 훔치다 **night** [nait] 밤 **owl** [aul] 부엉이
nice [nais] 좋은 **day** [dei] 날

25  자연환경을 위해 고기를 포기한 박애주의 당신
나는 한 채식주의자이다.
누가 상태모습 어떤 어떤

26  여행 갔는데 누가 길을 물어보면?
나는 여기에서 한 외지인이다.
누가 상태모습 어떤 어떤 here.

문법 -er은 -하는 사람을 의미한다.

27
2011
지방직
7급
싸게 샀다고 자랑하는 친구 반어법으로 띄워주기
그거 한 훔친거(나 다름없)네.
누가 상태모습 어떤 어떤

28  졸리다가도 12시가 되면 맑아지는 저녁형 인간
나는 한 밤 부엉이이다.
누가 상태모습 어떤 night 어떤

29 작업 걸 때 공감대 형성에는 날씨 이야기가 최고
그것은 한 좋은 날이네요, 그렇지 않나요?
누가 상태모습 어떤 nice 어떤, isn't it?

정답

25 I am a vegetarian.
26 I am a stranger here.
27 It is a steal.
28 I am a night owl.
29 It is a nice day, isn't it?

dresser [drésər] 옷 입는 사람 **learner** [lə́ːrnər] 배우는 사람
smoker [smóukər] 담배피우는 사람 **couple** [kʌpl] 두 사람
terrible [térəbl] 끔찍한 **liar** [láiər] 거짓말쟁이

30 군복에 날이 선 당신은 멋쟁이
그는 한 날카롭게 옷 입는 사람이다.
누가 상태모습 어떤 sharp 어떤

문법 한다에 er을 붙이면 한다 하는 사람.

31 하루 30분 공부, 한 달 만에 미드가 들린다고?
너는 한 빠르게 배우는 사람이다.
누가 상태모습 어떤 fast 어떤

32 골초를 영어로 하면?
나는 무겁게(지나치게) 담배피우는 사람이다.
　　　　　　　　　heavy

문법 한다에 er을 붙이면 한다하는 사람.

33 대출을 갚기 위해 요새는 맞벌이가 대세!
우리는 한 둘 다-버는 부부이다.
　　　　　　　　double-income

34 내가 거짓말하면 아무도 안 믿어
나는 한 끔찍한(잘 못하는) 거짓말쟁이이다.

---

30 He is a sharp dresser.
31 You are a fast learner.
32 I am a heavy smoker.
33 We are a double-income couple.
34 I am a terrible liar.

누가와 상태모습은 주로 줄여 쓴다

5 관련단원 미드천사 왕초보패턴 6단원, 영화영작 기본패턴 3단원

I'm happy.
누가+상태모습   어떤
내가 상태모습이다 행복한

✳ I'm에서 '는 am에서 a를 줄여 썼다는 뜻이다.

✳ **줄여 쓰기**

영어에서는 줄여쓴 표시를 '(작은따옴표, apostrophe어퍼스트로피)로 표시한다. 줄여 쓰는 것이 일반적이므로 이 책에서는 가능한 한 대부분 줄여 쓴다.

I am = I'm
you are = you're
we are = we're
they are = they're
he is = he's
she is = she's
it is = it's

✳ **대문자와 소문자**

문장의 시작은 항상 대문자로 시작한다. 문장의 시작이 아니더라도 대명사 I는 항상 대문자로 쓰며, 고유명사(사람이나 물건의 이름)는 대문자로 시작한다.

Mike 사람 이름
Korea 나라 이름
McDonald's 상표
Kimchi 사물 이름

❶ **누가-상태·모습-어떤**에서
I am happy. 나는 상태모습이다/ 행복한.
You are happy. 너는 상태모습이다/ 행복한.
He is happy. 그는 상태모습이다/ 행복한.

❷-1 I am은 I'm으로 줄여 쓴다.
    I'm happy. 나는 상태모습이다/ 행복한.

❷-2 You are은 You're로 줄여 쓴다.
    You're happy. 너는 상태모습이다/ 행복한.

❷-3 He is는 He's로 줄여 쓴다.
    He's happy. 그는 상태모습이다/ 행복한.

35 너는 뚱뚱하다. You're fat.
누가+상태모습   어떤

36 그녀는 행복하다. She's happy.
누가+상태모습   어떤

37 그들은 느리다. They're slow.
누가+상태모습   어떤

38 그것은 한 책이다. It's a book.
누가+상태모습   어떤   어떤

39 그것은 맛있다. It's delicious.
누가+상태모습   어떤

40 그것들은 책들이다. They're books.
_____   _____

41 우리는 배고프다. We're hungry.
_____   _____

실전 생활영어

right [rait] 옳은　**welcome** [wélkəm] 환영받는
picky [píki] 까다로운　**twins** [twins] 쌍둥이들
gorgeous [gɔ́:rdʒəs] 아주 멋진

42
2015
지방직
9급

더는 싸우기 귀찮을 때
네가 절대적으로 옳아.
누가+상태모습 absolutely 어떤

43

당신은 사랑받기 위해 태어난 사람
너는 환영받는다.
누가+상태모습 　어떤

44

왜 헤어졌어? 라고 물어볼 때
그녀는 너무 까다로워.
누가+상태모습 too 어떤

45

고령 출산과 인공수정으로 어린이집에 한 쌍은 꼭 있는
우리는 일란성 쌍둥이야.
누가+상태모습 identical 어떤

46

자녀나 애인을 치켜세우고 싶을 때
너는 정말 끝내줘.
누가+상태모습 so 어떤

정답

42 You're absolutely right.
43 You're welcome.
44 She's too picky.
45 We're identical twins.
46 You're so gorgeous.

obese [oubíːs] 비만인 mean [miːn] 못된
inflexible [infléksəbl] 유연하지 않은 player [pléiər] 바람둥이
chubby [tʃʌbi] 통통한

47

볼일 보다가 화장실 변기가 부서질 정도로
그는 극단적인 비만이지.
누가+상태모습 extremely ___어떤___

48

그런말을 눈 한 번 안 깜빡이고 하다니
너 참 못됐다.
누가+상태모습 so ___어떤___

49

융통성이 없이 고지식한 그는
그는 유연하지 않다.

문법 in은 not을 의미하기도 합니다.

50

날 가지고 논 그 남자. 알고 보니
그는 한 바람둥이이다.

51

예쁘고 귀엽게 통통하다는 말
그녀는 통통해.

---

47 He's extremely obese.
48 You're so mean.
49 He's inflexible.
50 He's a player.
51 She's chubby.

한다는 누가에 따라 바뀐다

7

관련단원 미드천사 왕초보패턴 2단원, 영화영작 기본패턴 1단원

He eats rice.

누가	한다	무엇을
내가	먹는다	밥을

✻ **누가**를 명확히 해주기 위해 **한다**=일반동사에서 한 번 더 구분한다.

✻ 패턴설명
누가-한다-무엇을은 가장 많이 쓰는 패턴이다. 쉬운 말인데 영작이 잘 안된다면, 이 패턴을 무시하고 한글식으로 문장을 만들기 때문이다.

✻ 왜 -s가 붙을까?
한국어는 **누가**가 몇 명인지 신경 안 쓰지만, 대명사를 많이 쓰는 영어에서는 **누가**가 몇 명인지 명확하게 하려고 한 명일 때는 **한다**에 -s를 붙이고 2명 이상일 때는 **한다**의 원래 형태를 써준다. -s를 붙이는 방법은 p.50 참고.

✻ 인칭이란
나는 1인칭, 너는 2인칭, 그 외는 3인칭이다.

❶ **누가-한다-무엇을**에서
I eat rice. 나는 먹는다/ 밥을

❷-1 일반적으로 한다에는 원래 형태를 쓰지만
I eat rice. 나는 먹는다/ 밥을

❷-2 **누가**가 3인칭 단수그,그녀,그것면 **한다** 뒤에 s가 붙는다.
s붙이는 방법은 p.50 참고.
He eats rice. 그는 먹는다/ 밥을

❷-3 **누가**가 3인칭 단수그,그녀,그것면 have는 has로 바뀐다.
He has rice. 그는 가진다/ 밥을.

rice는 쌀을 뜻하지만, 식사를 의미하는 단어가 너무 많기 때문에 혼동을 줄이려고 rice만 썼어요.

52 나는 밥을 먹는다.   I eat rice.

누가   한다   무엇을

53 너는 밥을 먹는다.   You eat rice.

누가   한다   무엇을

54 우리는 밥을 먹는다.   We eat rice.

누가   한다   무엇을

55 그들은 밥을 가진다.   They have rice.

누가   한다   무엇을

56 그는 밥을 먹는다.   He eats rice.

누가   한다   무엇을

57 그녀는 밥을 가진다.   She has rice.

_____ _____ _____

58 Mike는 밥을 먹는다.   Mike eats rice.

_____ _____ _____

실전 생활영어

8

have [hæv] 가지다 blind [blaind] 눈먼 date [deit] 데이트
temper [témpər] 성깔 dimple [dímpl] 보조개 face [feis] 얼굴
high [hai] 높은, 높이 standard [stǽndərd] 기준

59
2012 사회복지직 9급

오늘 만나자는 남자를 거절하고 싶을 때
나는 오늘 밤 한 소개팅을 가진다.
누가   한다   a   무엇을   무엇을   tonight.

60

작은 일에도 욱하는 그 사람
그는 한 성깔을 가진다.
누가   한다   무엇을   무엇을

61

영어로 보조개가 뭐였더라
그녀는 보조개들을 가진다.
누가   한다   무엇을

62

화장품이나 성형 광고에 좋을 말
너는 한 동안을 가진다.
누가   한다   무엇을   baby   무엇을

63

10번 찍어도 안 넘어가는 이유는 내 탓이 아니라 그녀 탓?
그녀는 한 높은 기준을 가진다.
누가   한다   무엇을   무엇을   무엇을

정답

59 I have a blind date tonight.
60 He has a temper.
61 She has dimples.
62 You have a baby face.
63 She has a high standard.

한다에는 have와 has만 사용했어요.

eyelid [ailid] 눈꺼풀 **lip** [lip] 입술
big [big] 큰 **mouth** [mauθ] 입 **family** [fǽməli] 집, 가정 **emergency** [imə́ːrdʒənsi] 비상사태
casual [kǽʒuəl] 평상의 **Friday** [fráidei] 금요일

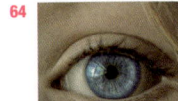

64
옛말에 몸이 천 냥이면 눈이 구백 냥이라는데
그녀는 쌍꺼풀을 가진다.
누가   한다   double   무엇을

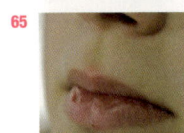

65
립밤의 대명사 챕스틱의 유래는?
나는 갈라진 입술들을 가진다.
누가   한다   chapped   무엇을

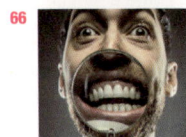

66
입이 크면 여기저기 말이 새기 마련
그는 한 큰 입을 가진다(입이 싸다).

67
회사에서 조퇴하고 싶을 때
나는 한 가족의 급한 일을 가진다.

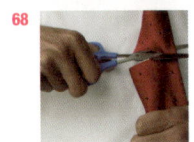

68
외국 경영서를 읽던 귀얇은 사장님이 갑자기
우리는 평상복(을 입는) 금요일들을 가진다.

문법 요일의 첫글자는 항상 대문자를 쓴다.

---

64 She has double eyelids.
65 I have chapped lips.
66 He has a big mouth.
67 I have a family emergency.
68 We have casual Fridays.

실전 생활영어 9

envy [énvi] 부러워하다 **plan** [plæn] 계획(하다)
appreciate [əpríːʃièit] 감사하다 **hate** [heit] 싫어하다
doubt [daut] 의심하다

69
부러우면 지는 거야! 그래도...
나는 너를 부러워한다.
누가   한다   무엇을

70
미국인들은 계획을 좋아해
나는 계획들을 가진다.
누가   한다   무엇을

71
Thank you보다 고급스럽게 감사하고 싶다면
저는 그것을 감사드립니다.
누가   한다   무엇을

72
어쩔 수 없이 비수를 꽂아야 할 때
나는 너를 싫어해.
누가   한다   무엇을

73
뭔가 찝찝할 때
나는 그것을 의심한다.
누가   한다   무엇을

정답

69 I envy you.
70 I have plans.
71 I appreciate it.
72 I hate you.
73 I doubt it.

name [neim] 이름(짓다) appointment [əpɔ́intmənt] 약속
love [lʌv] 사랑(하다) need [ni:d] 필요하다 favor [féivər] 호의
deserve [dizə́:rv] ~할 자격이 된다. promotion [prəmóuʃən] 승진

74
뭐든 다 해줄 수 있다는 느낌으로
네가 그것을 이름만 대봐.
누가   한다   무엇을

75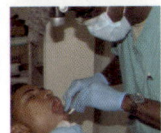
2011 국가직 9급
세상에서 가장 가기 싫은 곳
나는 한 치과 약속을 가진다.
누가   한다   무엇을 dental 무엇을

문법 reservation은 좌석이나 호텔 예약할 때 쓰고 사람 약속에는 쓰지 않는다.

76
쓸수록 행복해지는 말
나는 너를 아주 많이 사랑한다.
_____ _____ _____ so much.

77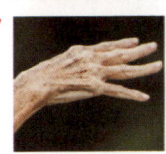
부탁하기 전에 운 띄우기
나는 한 호의가 필요하다.
_____

78
또 승진에서 빠진 친구 위로
너는 한 승진을 할 자격이 된다.
_____

74 You name it.
75 I have a dental appointment.
76 I love you so much.
77 I need a favor.
78 You deserve a promotion.

✱명사의 종류는 두가지

셀 수 있는 명사

There is an apple.

사과가 한 개면 an apple
사과가 여러 개면 apples

✻ 명사의 종류 구분지

셀 수 없는 명사

There is rice.

크기가 너무 작거나, 보이지 않는 것, 종류, 사람 이름 등

cheese, water, salt, juice, soil, gold, love, music, money, luck, hope, happiness, science, information, furniture, news, luggage, baggage, homework, English, Korea, Seoul, Mike…

무료강의, MP3
goo.gl/DwH3YJ
대소문자 주의

셀 수 있는 명사

관련단원 미드천사 왕초보패턴 1단원, 영화영작 기본패턴 14단원

There is an apple.
어떤   상태·모습   누가
     있다   한   사과가

✻ 셀 수 있는 명사는 한 개일 때 앞에 a/an이 붙고, 여러 개일 때는 뒤에 -s가 붙는다.

✻ **패턴설명**

There is an apple.이 원래는 An apple is there.이다. 하지만 ~이 있습니다라고 명사를 처음 이야기 꺼낼 때 관용적으로 도치(마치 의문문처럼 단어의 순서를 바꿔서)시켜서 쓴다.(생활영어 회화천사 **전치사/접속사** 참고)

물어보는 문장과 아니라고 하는 문장은 **누가-상태·모습-어떤**에서와 같다.

✻ **a와 an의 차이**

명사의 시작하는 **발음**이 모음으로 시작할 때만 an이 붙는다. a를 붙이면 시작하는 모음이 잘 들리지 않기 때문이다.

영어에서는 한글의 **ㅇ**을 모음으로 여기지만, 이중모음(발음기호,w)으로 시작하는 발음은 자음으로 여긴다.

an umbrella / a uniform / a year / an ear / an hour

❶ There is / There are에서,

❷-1 뒤에 오는 **누가**가 한 개면 there is,
    There's an apple. 한 사과가 있다.
    There's a cat. 한 고양이가 있다.

❷-2 뒤에 오는 **누가**가 여러 개면 there are를 쓴다.
    There're apples. 사과들이 있다.
    There're cats. 고양이들이 있다.

여러 개의 명사를 알려주는 -s 붙이기(연습: p.50)
    -s 대부분의 명사. cats, apples, books, letters
    -es s와 비슷한 소리로 끝나는 경우. boxes, kisses
    -ies y로 끝나는 경우 y를 i로 고치고 es. babies, ladies
    -ves f로 끝나는 경우. leaves, thieves
    불규칙 man → men, foot → feet, goose → geese,

누가의 수에 따라 is를 쓰는지 are를 쓰는지 주의해 주세요.

79 한 사과가 있다.   There's an apple.

어떤+상태모습   누가   누가

80 여러 사과가 있다.   There're apples.

어떤+상태모습   누가

81 한 책이 있다.   There's a book.

어떤+상태모습   누가   누가

82 한 고양이가 있다.   There's a cat.

어떤+상태모습   누가   누가

83 고양이들이 있다.   There're cats.

어떤+상태모습   누가

84 한 우산이 있다.   There's an umbrella.

85 책들이 있다.   There're books.

명사의 복수, 동사의 단수 만들기

-es

s,x,ch,sh,o로 끝나면, es

명사
* 338 businesses 사업
* 574 dresses 드레스
* 614 classes 수업
* 781 messes 엉망
* 799 clothes 옷
* 807 shoes 신발
* 809 witches 마녀
* 837 boxes 상자
* 909 bosses 상관
* 순위 밖 tomatoes 토마토

동사
* 11 does 한다
* 19 goes 가다
* 199 guesses 추측하다
* 237 misses 놓치다, 그리워하다
* 289 watches 보다
* 366 wishes 소망하다
* 445 catches 잡다
* 457 kisses 키스하다
* 504 finishes 끝내다
* 525 touches 건드리다
* 549 passes 보내다
* 575 pushes 밀다
* 612 teaches 가르치다
* 649 presses 누르다
* 660 fixes 고치다
* 705 relaxes 휴식하다
* 908 crosses 건너다, 십자가
* 995 discusses 논의하다

-ies

자음+y로 끝나면, y를 i로 고치고 es

명사
* 202 babies 아기
* 223 families 가족
* 385 parties 파티
* 409 ladies 숙녀
* 440 stories 이야기
* 506 bodies 몸
* 548 companies 회사
* 608 cities 도시
* 613 twenties 20
* 653 countries 나라, 시골
* 688 memories 기억
* 708 charities 자선
* 735 buddies 친구
* 767 histories 역사
* 855 securities 보안

동사
* 116 tries 시도하다
* 206 marries 결혼하다
* 224 worries 걱정하다
* 717 flies 날다
* 724 cries 울다
* 769 hurries 서두르다
* 805 carries 나르다
* 순위 밖 applies 지원하다, 적용하다

※ 각 단어 앞의 숫자는 1004 어휘의 순위입니다. <8시간에 끝내는 기초영어 미드천사> 책을 참고해주세요.

-ves

f나 fe로 끝나면, f(e)를 v로 고치고 es

명사

129	life	li**ves**	생명, 삶
341	wife	wi**ves**	아내
460	half	hal**ves**	절반
817	self	sel**ves**	자신
순위 밖	knife	kni**ves**	칼
순위 밖	leaf	lea**ves**	나뭇잎
순위 밖	thief	thie**ves**	도둑

불규칙

명사

108	man	men	남성, 사람
298	child	child**ren**	아이
347	person	pe**ople**	사람
562	foot	feet	발
순위 밖	tooth	teeth	치아
순위 밖	goose	g**ee**se	거위
순위 밖	ox	ox**en**	소
순위 밖	mouse	mice	쥐
순위 밖	datum	dat**a**	자료
순위 밖	medium	medi**a**	매체
순위 밖	fungus	fung**i**	곰팡이

동사

| 12 | have | has | 가지다 |

연습문제

apple   go
Friday   enjoy
wife   use
shoe   child
family   teach
story   study
baby   try
dress   fix
life   finish
man   have

엄마가 지켜본다

정답

apples   goes
Fridays   enjoys
wives   uses
shoes   child**ren**
families   teaches
stories   studies
babies   tries
dresses   fixes
lives   finishes
men   has

goo.gl/BFXcCf
추가 연습 자료와 MP3 ▶

셀 수 없는 명사

11

관련단원 미드천사 왕초보패턴 2단원, 영화영작 기본패턴 2단원

There is rice.
<small>어떤　　　상태·모습　　누가</small>
　　　있다　　　　　밥이

✻ 셀 수 없는 명사는 **한 개**<small>단수</small>로 취급한다.

✻ 패턴설명

영어에서 **셀 수 있고 없다**는 개념은 한국인의 생각보다 더 구체적이다. 예를 들어 furniture가구종류, money돈, information정보은 셀 수 없다. 하지만 desk, dollar, idea, weekend, smile은 셀 수 있다.

한국어에서 셀 수 없는 것들은(보이지 않는 관념, 물질) 영어에서도 대부분 셀 수 없다. love, music, cheese, juice, rice, happiness, English…

어떤 명사는 때에 따라 셀 수 있기도 하고 없기도 하다. paper, sound, home, hair…

영영사전에서 셀 수 있는 것은 [C] = Countable, 셀 수 없는 것은 [U] = Uncountable로 표기한다.

❶ There is / There are에서,

❷ 뒤에 오는 **누가**가 셀 수 없으면 there is만 쓴다.
　There's rice. 밥이 있다.
　There's music. 음악이 있다.
　There's money. 돈이 있다.

셀 수 없는 명사만 넣으면 쉬우므로 셀 수 있는 명사도 같이 넣었어요.

86 돈이 있다. There's money.

어떤+상태모습   누가

87 2달러가 있다. There're 2(two) dollars.

어떤+상태모습   누가   누가

88 사랑이 있다. There's love.

어떤+상태모습   누가

89 사랑 이야기들이 있다. There're love stories.

어떤+상태모습   누가   누가

90 음악이 있다. There's music.

어떤+상태모습   누가

91 한 노래가 있다. There's a song.

_____ _____

92 물이 있다. There's water.

_____ _____

실전 생활영어

12

hair [heər] 머리카락 storm [stɔːrm] 폭풍
car [kaːr] 자동차 crash [kræʃ] 충돌
call [kɔːl] 전화, 부르다

93
음식점에서 대부분 경험해본 끔찍한 일
한 머리카락이 있다.
어떤+상태모습 누가   누가

94
여름만 되면
한 폭풍이 있다.
어떤+상태모습 누가   누가

95
서울은 언제 어디서나
차들이 있다.
어떤+상태모습 누가

96
이게 두려워서 운전을 안 하는 나
한 차 충돌이 있다.
어떤+상태모습 누가   누가   누가

97
비서가 사장님을 부른 이유 중 대부분은
한 전화(당신을 부르는)가 있다.
어떤+상태모습 누가   누가

정답

93 There's a hair.
94 There's a storm.
95 There're cars.
96 There's a car crash.
97 There's a call.

alternative [ɔːltɜ́ːrnətiv] 대안 **fungus** [fʌ́ŋɡəs] 곰팡이류
strong [strɔːŋ] 강한 **coffee** [kɔ́ːfi] 커피 **option** [ápʃən] 선택
elevator [éləvèitər] 엘리베이터

98
아직 포기하기는 이르다! 그것은 플랜B!
한 대안이 있다.
어떤+상태모습   누가   누가

99
집보러 가면 가장 중요한 것
곰팡이가 있다.
어떤+상태모습   누가

100
하루 5잔, 이것 없이는 못 사는 분들이 많다
진한 커피가 있다.

101
슈퍼마켓에는 너무 많은
선택사항들이 있다.

102
무릎이 아픈 당신을 위해
한 엘리베이터가 있다.

98 There's an alternative.
99 There's fungus.
100 There's strong coffee.
101 There're options.
102 There's an elevator.

실전 생활영어

13

that [ðæt] 저것 right [rait] 옳은 bad [bæd] 나쁜
age [eidʒ] 나이 number [nʌmbər] 숫자 finger [fíŋgər] 손가락
thumb [θʌm] 엄지 손가락 child [tʃaild] 아이

103
2012
국가직
7급

맞장구치기 딱 좋아
저것(네가 말한 것)이 옳아.
누가+상태모습   어떤

문법 it과 that은 포괄적으로 쓰인다.

104
2011
국가직
7급

이 말로 위로가 될지 모르겠지만
저것 참 안됐다(나쁘다).
누가+상태모습 too   어떤

105

10살 차이면 도둑 아니야?
나이는 단지 한 숫자일 뿐이야.
누가   상태모습   just   어떤   어떤

106
2012
사회
복지직
9급

섬세한 일은 잘 못 하는 나. 손가락이 짧아서 그런가?
내 손가락들은 엄지손가락들이다.
My   누가   상태모습   어떤

107
2014
2차
경찰

요새는 외동이 대세
나는 한 하나뿐인 아이이다.
누가+상태모습   어떤   only   어떤

정답

103 That's right.
104 That's too bad.
105 Age is just a number.
106 My fingers are thumbs.
107 I'm an only child.

누가에 일반명사(대명사가 아니라)를 쓰는 경우 상태모습(비동사)을 주로 줄여 쓰지 않아요.

rule [ruːl] 규칙 something [sʌmθiŋ] 어떤 것 fishy [fíʃi] 수상한 냄새가 나는
this [ðis] 이것 sexual [sékʃuəl] 성적인 harassment [hərǽsmənt] 괴롭힘
queue [kjuː] (기다리는) 줄 ridiculous [ridíkjuləs] 말도 안되는
news [njuːz] 뉴스 good [gud] 좋은

108
규칙을 어길 수 밖에 없는 상황이었다고 핑계대는 아이에게
한 규칙은 한 규칙이다.
<u>누가</u> <u>누가</u> <u>상태모습</u> <u>어떤</u> <u>어떤</u>

109
수상한 냄새는 물고기 냄새?
뭔가 비린내가 난다.
<u>누가</u> <u>상태모습</u> <u>어떤</u>

110
상관의 나쁜 행동에 선을 긋고 싶을 때
이것은 성추행입니다.

문법 this is는 발음이 겹치므로 줄여 쓰지 않는다.

111
관광지 입구에 기다리는 사람이 100미터도 넘을 때
이 줄(기다리는)은 말도 안 된다.

112
연락 없이 늦게 들어온다고 화내는 아내에게 더 혼나고 싶다면
무소식이 희소식이다.
No

---

108 A rule is a rule.
109 Something is fishy.
110 This is sexual harassment.
111 This queue is ridiculous.
112 No news is good news.

*그 사람은 두가지

the man

The man - eats - rice.

the는 서로 알고 있는 것을 말할 때 쓴다.

*그 사람은 구지

He

He - likes - me.

대명사 여기서는 he에는 the가 이미 포함되어 있다.

무료강의, MP3
goo.gl/YjtQYX
대소문자 주의

14 서로 알고 있는 것을 말할 때

관련단원 미드천사 왕초보패턴 1단원, 영화영작 기본패턴 2단원

The man eats rice.
그   남자가   먹는다   밥을
(누가)   (한다)   (무엇을)

✻ the는 한글의 **그**와 같다.

✻ 패턴설명

앞에서 한번 이야기해서 서로 알고 있거나, 이야기 하지 않아도 서로 알고 있는 것은 the를 쓴다.

The sun rises.

일반적인 명칭(태양, 산, 강, 바다, 공기)이 아닌 사람이나 사물의 이름은 특수한 경우(원래 이름에 the를 포함하거나 같은 이름을 가진 사람이 여러 명이거나) 외에는 the를 쓰지 않는다.

The Mike X
The Korea X
The United States O

✻ the의 발음

the는 주로 더로 발음하지만, 모음 앞이거나 강하게 발음할 때는 **디**로 발음하며, 약하게 발음할 때는 드로 발음한다.

the cat [더 캩(ㅌ)]
the apple [디 애플]

❶ **누가-한다-무엇을과 누가-상태·모습-어떤**에서
I eat rice. 나는 먹는다/ 밥을.
I am happy. 나는 상태모습이다/ 행복한.

❷ **누가**나 **무엇을, 어떤**의 명사가 서로 알고 있는 것이면 the를 붙인다. a나 an은 the와 같이 붙일 수 없고, -s는 같이 쓸 수 있다 a the apple X.
I eat the apple. 나는 먹는다/ 그 사과를.
I am the teacher. 나는 상태모습이다/ 그 선생님인.
The man eats the apples. 그 남자는 먹는다/ 그 사과들을.

이 책에서는 헷갈릴까 봐 **그 남자**를 the man으로만, **그**를 he/him으로 썼어요.

113 나는 그 밥을 먹는다.   I eat the rice.
    누가   한다   무엇을   무엇을

114 너는 그 사과들을 먹는다.   You eat the apples.
    누가   한다   무엇을   무엇을

115 그녀는 그 사과들을 먹는다.   She eats the apples.
    누가   한다   무엇을   무엇을

116 그 고양이들은 밥을 먹는다.   The cats eat rice.
    누가   누가   한다   무엇을

117 그 남자는 그 밥을 먹는다.   The man eats the rice.
    누가   누가   한다   무엇을   무엇을

118 그녀는 그 고양이를 좋아 한다.   She likes the cat.

119 Mike는 그 밥을 원한다.   Mike wants the rice.

실전 생활영어

15

feel [fi:l] 느끼다　same [seim] 같은　way [wei] 방식, 길
surf [sə́:rf] 파도 타다, (인터넷을) 검색하다　internet [íntərnet] 인터넷
flu [flu:] 독감　get [get] 생기다　picture [píktʃər] 그림
do [du] 한다　math [mæθ] 수학

120
2010 1차 경찰

네가 느끼는 그 감정 말이야
나는 그 똑같은 방식을 느낀다.
누가　한다　the　무엇을　무엇을

121

우리 모두가 알고 있는 그 인터넷
나는 인터넷을 검색한다.
누가　한다　무엇을　무엇을

122

요새 유행하는 그 독감
나는 그 독감을 가진다.
누가　한다　무엇을　무엇을

123

네가 말하는 것에 대한 그림이 이해될 때
나는 그 그림이 생긴다.
누가　한다　무엇을　무엇을

124

뻔히 알면서 왜 그래?
너는 그 수학을 한다.
누가　한다　무엇을　무엇을

문법 do를 '한다'에 쓰면 '한다'를 의미한다. <생활영어 회화천사: 전치사/접속사>에서 다룬다.

정답

120 I feel the same way.
121 I surf the internet.
122 I have the flu.
123 I get the picture.
124 You do the math.

night [nait] 밤 shift [ʃift] 근무조 same [seim] 같은 thing [θiŋ] (어떤) 것
early [ə́ːrli] 일찍인 bird [bəːrd] 새 catch [kætʃ] 잡다 worm [wəːrm] 벌레
slow [slou] 느린 steady [stédi] 꾸준한 win [win] 이기다
upper [ʌpər] 위쪽의 hand [hænd] 손

125
경비 아저씨가 떠오르는
나는 그 야간 근무를 가진다.
누가   한다   무엇을   무엇을   무엇을

126
2014
1차
경찰
왠지 안 하면 불편한 느낌?
나는 매일 그 똑같은 것을 해.
누가 한다 무엇을 무엇을 무엇을 everyday.

127
일찍 일어나는 벌레는 일찍 잡아먹힌다고 하지만
그 일찍인 새가 그 벌레를 잡는다.

128
토끼와 거북이의 진리?
느림과 꾸준함이 그 경주에서 이긴다.
　　　　　　 and

129
위에 있는 것은 갑, 밑에 있는 것은 을
우리가 그 위의 손을 가진다.

---

125 I have the night shift.
126 I do the same thing everyday.
127 The early bird catches the worm.
128 Slow and steady wins the race.
129 We have the upper hand.

내가와 나를은 다른 단어

16 관련단원 미드천사 왕초보패턴 1단원, 영화영작 기본패턴 1단원

He likes me.
누가   한다   무엇을
그가   좋아한다   나를

✻ 대명사는 위치와 의미에 따라 모양이 다르다.

✻ 패턴설명
영어는 단어의 위치로 의미를 파악한다. 대명사를 많이 쓰기 때문에 더 확실하게 **누가**일 때와 **무엇을**일 때를 구분해 주기 위해 형태를 다르게 쓴다.

너와 **너네들**은 같은 형태(you)이고 **그들**과 **그것들**도 같은 형태(they)이다.

✻ 대명사
명사를 대신해서 쓰는 말을 **대명사**라고 한다. 이미 the(예: he=the man)가 포함되어 있으므로 대명사 앞에 a나 the는 붙지 않는다.

	~가	~의	~를	~의 것
나	I	my	me	mine
너	you	your	you	yours
우리	we	our	us	ours
그들	they	their	them	theirs
그	he	his	him	his
그녀	she	her	her	hers
그것	it	its	it	its

❶ **누가-한다-무엇을**에서
You like I. X 너는 좋아한다/ 내가.

❷ **내가**를 **무엇을**에 쓰려면 **me**로 바꿔야 한다.
You like me. 너는 좋아한다/ 나를

❸ **내가**가 아니라 **나의**로 쓰고 싶으면 **my**를 쓴다.
You like my rice. 너는 좋아한다/ 나의 밥을.

❹ **나의 것**으로 쓰고 싶으면 **mine**을 쓴다.
You like mine. 너는 좋아한다/ 나의 것을.

130 너는 나를 좋아한다.　　　　　　　　　　　　　　You like me.

　누가　　한다　　무엇을

131 그는 그녀를 좋아한다.　　　　　　　　　　　　　He likes her.

　누가　　한다　　무엇을

132 그녀는 그들의 음악을 좋아한다.　　　　　　　　She likes their music.

　누가　　한다　　무엇을　　무엇을

133 우리는 그들을 좋아한다.　　　　　　　　　　　　We like them.

　누가　　한다　　무엇을

134 그들은 나의 자동차를 좋아한다.　　　　　　　　They like my car.

　누가　　한다　　무엇을　　무엇을

135 나의 고양이는 너의 고양이를 좋아한다.　　　　My cat likes your cat.

136 그의 고양이들은 그녀의 사과를 좋아한다.　　　His cats like her apple.

실전 생활영어 17

owe [ou] 빚지다 need [ni:d] 필요하다 help [help] 돕다
bug [bʌg] 벌레 like [laik] 좋아하다 shoes [ʃu:z] 신발들
read [ri:d] 읽다 mind [maind] (이성적인) 마음, 생각

137
도움과 함께 부담도 주고 싶다면
너는 나한테 빚진다.
누가   한다   무엇을

138
상대방의 마음을 여는 마법의 문장
나는 당신의 도움이 필요해요.
누가   한다   무엇을   무엇을

139
모기처럼 자꾸 신경 쓰인다면
그것은 나를 성가시게 한다.
누가   한다   무엇을

140
친구가 말하면 칭찬, 조폭이 말하면 협박
나는 너의 신발이 좋다.
누가   한다   무엇을   무엇을

141
어떻게 알았지?
너는 나의 마음을 읽는다.
누가   한다   무엇을   무엇을

정답
137 You owe me.
138 I need your help.
139 It bugs me.
140 I like your shoes.
141 You read my mind.

누가에 일반명사(대명사가 아니라)를 쓰는 경우 상태모습(비동사)을 주로 줄여 쓰지 않아요.

break [breik] 부수다 heart [haːrt] (감성적인) 마음, 감정 signature [sígnətʃər] 사인
support [səpɔ́ːrt] 지지하다 family [fǽməli] 가족 want [wɔːnt] 원하다
personal [pə́rsənl] 개인적인 opinion [əpínjən] 의견
product [prɑ́dʌkt] 상품 defect [díːfekt] 결함

142
헤어지면 찬 사람은 멀쩡하겠지만 당한 사람은
그것은 나의 마음을 부순다.
누가   한다   무엇을   무엇을

143
은행가면 지겹도록 하는 것
나는 당신의 사인이 필요하다.
누가   한다   무엇을   무엇을

144
소년소녀 가장이라면
나는 나의 가족을 돕는(부양한)다.

145
자꾸 부서 입장의 뻔한 말만 하는 직원에게
나는 당신의 개인적인 의견을 원한다.

146
여러번 폭발 후에 인정할 수밖에 없었던
우리의 제품들은 한 결함을 가진다.

---

142 It breaks my heart.
143 I need your signature.
144 I support my family.
145 I want your personal opinion.
146 Our products have a defect.

실전 생활영어

18

boss [bɔːs] 상관 **best** [best] 최고의
spirit [spírit] 정신 **age** [eidʒ] 나이
fault [fɔːlt] 잘못

147

네 마음대로 해도 돼
네가 그 대장이다.
누가+상태모습   어떤   어떤

148

비행기 태워주고 싶다면
네가 그 최고이다.
누가+상태모습   어떤   어떤

149

10번 찍어 안 넘어 가는 나무 11번째 찍는다는 친구에게
저것이 그 정신이다.
누가+상태모습   어떤   어떤

문법 that이나 it은 서로 알고 있는 것을 가리키는 포괄적인 의미로 쓴다.

150

한국어에서는 이 말 다음에 말 놓자고 하는데
너는 나의 나이이다.
누가+상태모습   어떤   어떤

151

책임을 전가하고 싶을 때
그것은 너의 잘못이다.
누가+상태모습   어떤   어떤

정답

147 You're the boss.
148 You're the best.
149 That's the spirit.
150 You're my age.
151 It's your fault.

tomorrow [təmɔ́ːrou] 내일   date [deit] 날짜   yo-yo [jóujou] 요요   effect [ifékt] 효과
treat [triːt] 다루다   tie [tai] 넥타이   loud [laud] 시끄러운
baggage [bǽgidʒ] 짐   over-weight [óuvər-weit] 과중량인

152
2012
국가직
9급

이렇게 친절한 도서관이 있나
내일이 그 만기일입니다.

　누가　　상태모습　　어떤　due　어떤

153

뺀 살이 1개월 만에 되돌아오다니!
그것은 그 요요 현상이다.

누가+상태모습　어떤　　어떤　　어떤

154

식사 후 계산할 때
그것은 내가 다루는(대접하는) 것이다.

누가+상태모습　어떤　　어떤

155

목에 갈치 한 마리 좀 어떻게 해봐
너의 넥타이는 너무 소리가 크다.

　　　　　　　　　　too

156

공항에서 20kg가 넘는 짐에게는
당신의 짐은 과중량이다.

문법 단어 2개를 이어서 형용사를 만들 때 하이픈(-)을 쓴다.

---

152 Tomorrow is the due date.
153 It's the yo-yo effect.
154 It's my treat.
155 Your tie is too loud.
156 Your baggage is over-weight.

실전 생활영어

19

air [eər] 공기 dry [drai] 건조한 wall [wɔːl] 벽 ear [iər] 귀
news [njuːz] 뉴스 make [meik] 만들다 sense [sens] 감각
makeup [méikʌp] 화장 strong [strɔːŋ] 강한

157
우리가 현재 마시고 있는 그 공기
그 공기는 건조하다.
<u>　누가　</u>　<u>　누가　</u>　<u>상태모습</u>　<u>　어떤　</u>

158
낮말은 새가 듣고 밤말은 쥐가 듣고 실내의 말은
벽들은 귀들을 가진다.
<u>　누가　</u>　<u>　한다　</u>　<u>　무엇을　</u>

159
이 말을 하면 귀를 안 기울일 수 없지
나는 좋은 소식을 가진다.

문법 news는 주로 불가산 취급한다.

160
황당하게 생각했는데 듣고 보니 말 되네
저것은 타당함(느낌)을 만든다.

161
할로윈도 아닌데 무슨 화장을 귀신처럼
너의 화장은 너무 강하다(진하다).
　　　　　　　　　　　　　too

정답

157 The air is dry.
158 Walls have ears.
159 I have good news.
160 That makes sense.
161 Your makeup is too strong.

언제 a나 the가 붙고 붙지 않는지, 왜 붙지 않는지 관심을 갖고 풀어보세요.

blood [blʌd] 피 type [taip] 유형 room [ru:m] 방 mess [mes] 엉망인 상태
practice [præktis] 연습 make [meik] 만들다 perfect [pə́:rfikt] 완벽한 coffee [kɔ́:fi] 커피
lukewarm [lú:kwɔ́:rm] 미지근한 time [taim] 시간 heal [hi:l] 치료하다 wound [wu:nd] 상처

162
소심한 혈액형은 자유형이 아니라
내 혈액형은 A형이다.

_____

163
어질러진 방을 본 엄마
너의 방은 한 전부 엉망이다.

_____ total _____

164
노력해도 안 되는 학생은 노오오력이 필요하다
연습은 완벽을 만든다.

_____

165
세상에서 제일 먹기 싫은 것은 탄산 빠진 콜라 그리고
그 커피는 미지근하다.

_____

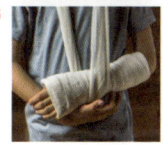

166
실연을 치료하는 유일한 길은 새로운 사랑과 시간뿐
시간은 모든 상처들을 치료한다.

_____ all _____

---

162 My blood type is A.
163 Your room is a total mess.
164 Practice makes perfect.
165 The coffee is lukewarm.
166 Time heals all wounds.

＊과거의 문장은 두가지

누가 - 상태·모습 - 어떤

I - was - happy.

상태·모습에 대해 말할 때

※ 모든의 문장은 구조지※

누가-한다-무엇을

I - ate - rice.

행동에 대해 말할 때

무료강의, MP3
goo.gl/Up9jhq
대소문자 주의

20 과거의 **상태·모습**을 말할 때

관련단원 미드천사 왕초보패턴 7단원, 영화영작 기본패턴 3단원

I was happy.
누가 / 상태·모습 / 어떤
내가 / 상태·모습이다 / 행복한

✽ **상태·모습**을 과거의 형태로 바꿔 준다.

✽ 패턴설명

한글에서는 문장의 뒷부분에서 그 문장의 때(한다인지, 했다인지, 이다인지, 였다인지)를 나타내지만, 영어에서는 문장의 앞부분인 **한다**나 **상태·모습**에서 현재인지 과거인지를 나타낸다.

과거의 **상태·모습**은 주로 줄여 쓰지 않으므로 이 책에서도 줄여 쓰지 않았다.

❶ **누가–상태·모습–어떤**에서
I am happy. 나는 상태모습이다/ 행복한.

❷-1 이전의 **상태·모습**은 누가가 한 명이면 was
I was happy. 나는 상태모습이다/ 행복한.
He was happy. 그는 상태모습이다/ 행복한.
She was happy. 그녀는 상태모습이다/ 행복한.

❷-2 **누가**가 여러 명이면 상태·모습은 were
They were happy. 그들은 상태모습이다/ 행복한.
We were happy. 우리는 상태모습이다/ 행복한.

❷-3 you는 여러 명일 때도 있으므로 were
You were happy. 너는 상태모습이다/ 행복한.

167 나는 행복했다.   I was happy.

　　누가　상태모습　어떤

168 너는 행복했다.   You were happy.

　　누가　상태모습　어떤

169 그들은 행복했다.   They were happy.

　　누가　상태모습　어떤

170 그는 배고팠다.   He was hungry.

　　누가　상태모습　어떤

171 그 책은 쉬웠다.   The book was easy.

　　누가　누가　상태모습　어떤

172 그 고양이들은 느렸다.   The cats were slow.

---

173 마이크는 뚱뚱했다.   Mike was fat.

실전 생활영어

21

noisy [nɔ́izi] 시끄러운 **life** [laif] 삶 **hard** [ha:rd] 힘든
movie [múːvi] 영화 **fantastic** [fæntǽstik] 환상적인
accident [ǽksidənt] 사고 **close** [klous] 가까운, 닫다 [klouz]

174
2015
국가직
7급

새벽 1시까지 TV를 보는 이웃 때문에 잠을 못 잔다면
그것은 너무 시끄러웠다.
_누가_ _상태모습_ too _어떤_

175
2013
서울시
9급
변형

헬조선에서 태어난 우리 모두에게
삶이 아주 힘들었어요.
_누가_ _상태모습_ so _어떤_

176
2011
2차
경찰

4시간에 끝내는 영화영작에 담긴 내 인생 최고의 영화!
그 영화는 환상적이었어요.
_누가_ _누가_ _상태모습_ _어떤_

177

법원에서 고의는 10년, 실수는 1년, 당연히 하는 말은
그것은 한 사고였다.
_누가_ _상태모습_ _어떤_ _어떤_

178

휴! 큰일 날 뻔했네
저것은 아주 가까웠다.
_누가_ _상태모습_ so _어떤_

정답

174 It was too noisy.
175 Life was so hard.
176 The movie was fantastic.
177 It was an accident.
178 That was so close.

pleasure [pléʒər] 기쁨 **dinner** [dínər] 저녁 식사
show [ʃou] 공연, 보여주다 **terrible** [térəbl] 끔찍한 **last** [læst] 마지막 **goal** [goul] 목표
unfair [ʌnféər] 불공정한 **vote** [vout] 투표 **unanimous** [juːnǽnəməs] 만장일치인

179
Thank you를 듣고 작업을 걸어 대답하고 싶다면
그것은 나의 기쁨이었지요.

180
2012 국가직 9급
식사 후 이런 말을 건네는 게 예의라는데
저것은 한 놀라운 저녁 식사였다.
wonderful

181
클래식 현대음악을 들은 사람이라면 누구나 하는 말
그 공연은 끔찍했다.

182
마라도나가 팔로 골을 넣었을 때
그 마지막 골은 불공정했다.

문법 un은 not(아니다)을 의미한다.

183
정치에서는 찾아보기 힘든
그 투표는 만장일치였다.

문법 -ous는 형용사를 만든다.

---

179 It was my pleasure.
180 That was a **wonderful** dinner.
181 The show was terrible.
182 The last goal was unfair.
183 The vote was unanimous.

과거의 행동을 말할 때

22 관련단원 미드천사 왕초보패턴 4단원, 영화영작 기본패턴 1단원

I ate rice.
누가   한다   무엇을
내가   먹었다   밥을

✻ **한다**를 **과거의 형태**로 고쳐서 과거의 행동을 말한다.

✻ 패턴설명
현재를 말할 때는 **누가**가 몇 명인지에 따라 **한다**가 바뀌지만, 과거를 말할 때는 **누가**에 관계없이 한가지 형태(주로 -ed)만을 사용한다.
He ates rice. X
He ate rice. O

✻ ed를 붙이는 법(p.80)
-d: e로 끝날 때
   liked, used, loved, changed
-ed: 대부분의 경우
   wanted, enjoyed, looked
-ied: **자음+y**로 끝날 때
   studied, carried, worried
자음+ed: 발음이 달라지지 않도록 자음을 추가한다.
   begged, planned, stopped

✻ 동사의 불규칙 변형
부록 p.182에 과거의 형태와 과거분사가 -ed로 끝나지 않는 동사를 종류별로 정리했다.

❶ 누가-한다-무엇을에서
   I eat rice. 나는 먹는다/ 밥을.

❷-1 과거를 말하려면 **한다**를 **과거의 형태**로 쓴다.
   I ate rice. 나는 먹었다/ 밥을.

❷-2 과거의 형태가 없으면 뒤에 **ed**를 붙인다 ed 붙이는 방법 p.80.
   I enjoyed music. 나는 즐겼다/ 음악을.

184 나는 밥을 먹었다.   I ate rice.
누가   한다   무엇을

185 너는 음악을 즐겼다.   You enjoyed music.
누가   한다   무엇을

186 그는 그 음악을 만들었다.   He made the music.
누가   한다   무엇을   무엇을

187 그녀는 물을 마셨다.   She drank water.
누가   한다   무엇을

188 그들은 그 남자를 알았다.   They knew the man.
누가   한다   무엇을   무엇을

189 우리는 그 편지를 보냈다.   We sent the letter.

190 Mike는 돈을 사용했다.   Mike used money.

동사의 -ed형 불규칙과거형 만들기

-d
e로 끝날 때, 뒤에 d

*49	liked	좋아했다
80	loved	사랑했다
153	believed	믿었다
178	lived	살았다
179	used	사용했다
184	cared	돌봤다
212	hoped	소망했다
233	moved	움직였다
244	changed	바꿨다
256	lied	거짓말했다
264	died	죽었다
265	supposed	추측했다
302	excused	봐줬다, 변명했다
314	caused	야기했다
320	hated	싫어했다
325	closed	닫았다
348	promised	약속했다
360	saved	구했다, 아꼈다
365	decided	결정했다
390	figured	모습을 알아냈다
458	realized	깨달았다
459	surprised	놀랐다
521	danced	춤췄다
542	welcomed	환영했다
551	handled	다뤘다
563	agreed	동의했다
583	breathed	숨 쉬었다
609	deserved	~을 받을 만했다
624	charged	부과했다
625	appreciated	감사했다
627	noticed	알렸다
691	imagined	상상했다

-ed
대부분의 경우, 뒤에 ed

41	wanted	원했다
65	looked	눈을 향했다
88	needed	필요했다
95	talked	말했다
98	thanked	감사했다
113	called	불렀다, 전화했다
121	happened	발생했다
122	worked	일했다
130	waited	기다렸다
131	helped	도왔다
150	asked	물었다, 요구했다
171	listened	귀 기울였다
181	killed	죽었다
182	started	시작했다
188	stayed	머물렀다
199	guessed	추측했다
204	remembered	기억했다
231	turned	돌았다, 바꿨다
237	missed	놓쳤다, 그리워했다
248	played	놀았다, 경기했다
259	mattered	문제가 됐다
276	seemed	~처럼 보였다
279	wondered	궁금해했다
282	walked	걸었다
289	watched	보았다
296	sounded	~처럼 들렸다
300	checked	확인했다
330	opened	열었다
345	trusted	신뢰했다
364	picked	골랐다
366	wished	소망했다
412	acted	행동했다

※ 각 단어 앞의 숫자는 1004 어휘의 순위입니다. <8시간에 끝내는 기초영어 미드천사> 책을 참고해주세요.

-ied

자음+y로 끝나면, y를 i로 바꾸고 ed

116	tried	시도했다
206	married	결혼했다
224	worried	걱정했다
724	cried	울었다
769	hurried	서둘렀다
805	carried	날랐다

자음+ed

단모음+단자음으로 끝나면, 끝자음을 추가하고 ed

158	stopped	멈췄다
295	planned	계획했다
503	dropped	떨어트렸다
555	controlled	통제했다
666	admitted	인정했다
993	grabbed	잡았다
순위 밖	begged	구걸했다
순위 밖	clapped	손뼉 쳤다
순위 밖	robbed	도둑질했다
순위 밖	preferred	선호했다

불규칙

분류된 모든 불규칙 동사는 p.182 참고

11	do	does	did	한다
12	have	had	had	가지다
17	know	knew	known	안다

연습문제

enjoy   permit
use   stop
tire   fine
place   plan
save   have
kill   allow
promise   book
dye   excite
perm   try
bore   ignore

배워서 남주자

정답

enjoyed   permitted
used   stopped
tired   fined
placed   planned
saved   had
killed   allowed
promised   booked
dyed   excited
permed   tried
bored   ignored

goo.gl/pCu2ed
추가 연습 자료와 MP3 ▶

실전 생활영어

23

knew [nju:] 알았다(know의 과거) googled [gúːgld] 구글을 검색했다
blew [bluː] 날렸다(blow의 과거) placed [pleisd] 놓았다(place의 과거)
order [ɔ́ːrdər] 주문 broke [brouk] 파산한, 부쉈다 wind [wind] 바람

191
정말 얘기하고 싶었는데 일이 터져버렸을 때
내가 그것을 알았었다.
누가   한다   무엇을

192
얼마나 많이 썼으면 동사된 구글
나는 그것을 구글했지.
누가   한다   무엇을

193
바람에 날아가듯 일을 망쳤을 때
네가 그것을 날려버렸다.
누가   한다   무엇을

194
주문을 넣다와 주문했다의 중간 정도랄까
나는 한 주문을 했(놓았)다.
누가   한다   무엇을   무엇을

195
평온했던 바람이 부서지는 이유는 방귀 때문
그는 바람을 부쉈다.
누가   한다   무엇을

정답

191 I knew it.
192 I googled it.
193 You blew it.
194 I placed an order.
195 He broke wind.

saved [seivd] 구했다(save의 과거) **life** [laif] 생명, 삶 **lost** [lɔːst] 잃었다(lose의 과거)
passport [pǽspɔːrt] 여권 **little** [lítl] 작은 **bird** [bəːrd] 새 **told** [tould] 말했다(tell의 과거)
good [gud] 좋은 **chemistry** [kémǝstri] 화학(작용) **curiosity** [kjùǝriásǝti] 호기심
killed [kild] 죽였다(kill의 과거) **cat** [kæt] 고양이

196

힘든 부탁을 들어준 당신에게
네가 나의 목숨을 구했다.
누가   한다   무엇을   무엇을

197

여행에서 돈을 잃는 것보다 무서운 것은
나는 나의 여권을 잃었다.
누가   한다   무엇을   무엇을

198

누가 이야기해줬는지 숨기고 싶다면
한 작은 새가 나에게 말해줬다.

199

남녀 간의 감정을 호르몬의 화학작용이라고 생각해서
우리는 좋은 화학작용을 가졌다.

200

호기심 많은 친구에게 알면 다친다고 경고할 때
호기심은 그 고양이를 죽였다.

196 You saved my life.
197 I lost my passport.
198 A little bird told me.
199 We had good chemistry.
200 Curiosity killed the cat.

*빠진 문장은 두가지

누가-한다

I - eat.

무엇을이 빠진 문장
(1형식)

* 빠진 문장을 구하지

한다-무엇을

Eat - rice.

누가가 빠진 문장
(명령문)

무료강의, MP3
goo.gl/HQbFg4
대소문자 주의

무엇을을 쓰지 않는 1형식

24

관련단원 미드천사 기초회화패턴 2단원, 영화영작 기본패턴 13단원

I eat.

누가　한다
내가　먹는다

✳ **무엇을**을 서로 알고 있거나 중요하지 않으면 생략한다. 또, 의미상 **무엇을**을 쓰는 것이 불가능하면 쓰지 않는다.

✳ **패턴설명**

　누가-한다로 끝나는 문장을 1형식 문장이라고 한다. **한다** 뒤에 주로 **부사나 부사구**가 나와주는 것이 일반적이다.

　I go to school.
　I sleep at home.
　She runs fast.

　자세한 사항은 <6시간에 끝내는 생활영어 회화천사: 전치사/접속사>에서 익힌다. 이번 단원에서는 기본 구조 위주로 익혀본다.

✳ **타동사와 자동사**

　한다 다음에 **무엇을**을 넣었을 때 자연스러우면 **타동사**, 자연스럽지 않으면 **자동사**라고 한다. 예를 들어, '무엇을 먹는다'는 자연스럽지만(eat는 타동사), '무엇을 잔다'는 자연스럽지 않다(sleep은 자동사). '무엇을'을 쓰지 않는 모든 동사를 '자동사'라고 한다.

❶ **누가-한다-무엇을**에서
　I eat rice. 내가 먹는다/ 밥을.

❷ 드물게 **무엇을**을 쓰지 않는다.
　I eat. 내가 먹는다.
　I go. 내가 간다.
　It happens. 그것이 발생한다.
　I look. 내가 본다.

201 나는 공부한다. I study.
　　누가　한다

202 너는 즐긴다. You enjoy.
　　누가　한다

203 그녀는 마신다. She drinks.
　　누가　한다

204 그는 간다. He goes.
　　누가　한다

205 그들은 가져간다. They take.
　　누가　한다

206 우리는 준다. We give.

207 Mike는 적는다. Mike writes.

실전 생활영어 25

see [siː] 보다   quit [kwit] 그만두다
hope [houp] 소망하다   think [θiŋk] 생각하다
promised [pramisd] 약속했다(promise의 과거)

208
주로 본다는 뜻이 아니라 알겠다는 뜻
나는 알겠다.
누가   한다

209
부하직원 최후의 공격
저 그만둘래요.
누가   한다

210 2013 지방직 7급
친구가 위로해주면
나도 그러길 바라.
누가   한다   SO.
문법 so는 그래서, 그렇게, 아주를 의미한다. 여기서는 '그렇게'

211
책임지고 싶지는 않을 때 yes 대신
나는 그렇게 생각해.
누가   한다   SO.

212
평생 나만 사랑한다고 (과거)
네가 약속했었잖아.
누가   한다

정답
208 I see.
209 I quit.
210 I hope so.
211 I think so.
212 You promised.

depend [dipénd] 달려있다 **forgot** [fərgat] 잊었다(forget의 과거)
money [mʌni] 돈 **talk** [tɔːk] 말하다 **old** [ould] 늙은 **habit** [hǽbit] 습관 **die** [dai] 죽다
stomach [stʌmək] 배(신체의) **hurt** [həːrt] 아픈, 아프다

213
빌릴 땐 쉽지만 갚을 땐?
그것은 (상황에) 달렸지.
누가   한다

214
잘못해놓고 이렇게 말하면 진심인지 의심스럽다 (과거)
나는 완전히 까먹었어.
누가   totally   한다

215
돈이면 다 되는 X같은 세상. 이런 세상에선 내가 어떤 사람인지
돈이 말한다.

216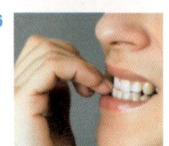
세살 버릇 여든까지 간다는데
오래된 습관들은 어렵게 죽는(사라진)다.
_____ hard.

217
2014
1차
경찰

음식을 잘못 먹었나
나의 배가 아파요.

---

213 It depends.
214 I totally forgot.
215 Money talks.
216 Old habits die hard.
217 My stomach hurts.

누가를 쓰지 않는 명령문

26

관련단원 미드천사 왕초보패턴 9단원, 영화영작 기본패턴 16단원

Eat rice.
먹어라 / 밥을
(한다) (무엇을)

✳ 시키는 문장은 문장 앞에 **누가**(You, 듣는사람)를 생략한다. 이때 **한다**는 변형된 형태(과거의 형태 등)가 아니라 원래의 형태(주로 사전에 실려있는 형태)만 써야 한다.

✳ **패턴설명**
 명령문은 '시키는 문장'을 말한다. 뜻이 강하므로 주로 앞이나 뒤에 please를 붙여서 말한다.

❶ **누가-한다-무엇을, 누가-상태·모습-어떤**에서
 You eat rice. 내가 먹는다 / 밥을.
 You are happy. 네가 상태모습이다 / 행복한.

❷-1 **누가를 생략하면 시키는 문장이 된다.**
 Eat rice. 먹어라 / 밥을.

❷-2 **비동사(am, are, is)는 원래 형태인 be만 써야 한다.**
 Are happy. X 상태모습이다 / 행복한.
 Be happy. O 상태모습이어라 / 행복한.

218 영어를 공부해라.   Study English.
　　　한다　무엇을

219 한 책을 가져가라.   Take a book.
　　　한다　무엇을　무엇을

220 행복해라.   Be happy.
　　　상태모습　어떤

221 영어를 즐겨라.   Enjoy English.
　　　한다　무엇을

222 배고파라.   Be hungry.
　　　상태모습　어떤

223 한 편지를 써라.   Write a letter.

224 물을 마셔라.   Drink water.

실전 생활영어

27

use [juːz] 사용하다 **head** [hed] 머리 **take** [teik] 가져가다 **time** [taim] 시간
break [breik] 부수다 **leg** [leg] 다리 **rinse** [rins] 헹구다 **mouth** [mauθ] 입
help [help] 돕다 **yourself** [juərsélf] 너 자신을

225
그걸 일이라고 하냐
네 머리를 써라.
한다   무엇을   무엇을

226
서두르지 않도록 마음의 편안함을 주고 싶을 때
당신의 시간을 가져가세요.
한다   무엇을   무엇을

227
2011
지방직
7급
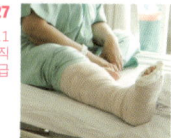
연극계에서 유래된 반어법으로 행운을 빌기
한 다리를 부러뜨려라.
한다   무엇을   무엇을

228
양치질이 끝나고
너의 입을 헹궈라.
한다   무엇을   무엇을

229
차려놓은 것이 많으니 원하는 만큼 스스로 드세요
당신 스스로를 도와라.
한다   무엇을

정답

- **225** Use your head.
- **226** Take your time.
- **227** Break a leg.
- **228** Rinse your mouth.
- **229** Help yourself.

say [sei] 말하다 word [wəːrd] 단어 guest [gest] 손님
watch [wɑtʃ] (지켜)보다 step [step] 걸음 suit [suːt] 맞추다
push [puʃ] 밀다

230  공손한 말을 쓰면 마법처럼 이뤄지니까
그 마법의 단어를 말해라.
한다   무엇을   magic   무엇을

231  저의 손님이니까 원하는 대로 해도 됩니다
나의 손님이 되세요.
상태모습   어떤   어떤

232  위험해!
너의 걸음을 봐.

233  맞춤 정장(슈트)처럼 원하는 대로 하세요
당신에게 맞춰라.

234  정신적 압력을 넣어서 더 열심히 해봐
조금 더 너 자신을 밀어라.
　　　　　　　　　　　a little more.

---

230 Say the magic word.
231 Be my guest.
232 Watch your step.
233 Suit yourself.
234 Push yourself a little more.

하지마라고 하는 명령문

28

관련단원 미드천사 왕초보패턴 9단원, 영화영작 기본패턴 16단원

Don't eat rice.
      한다   무엇을
   먹지마라   밥을

✱ **누가** 없이 **한다** 앞에 don't를 붙이면 **하지마라**고 시키는 문장이다. don't와 eat를 하나의 '한다'로 본다.

✱ 패턴설명

아니라는 문장이나 묻는 문장은 조동사(동사를 도와주는 역할을 하는 단어 do, will, can, may 등)를 써서 나타낸다. 자세한 활용은 <생활영어 회화천사 전치사/접속사>에서 익히고, <5형식/준동사>에서는 don't만 활용해서 **아니라는 말**만 익힌다.

✱ be

be는 am, are, is를 대표하는 **상태·모습**(동사)이다. 대표하는 동사를 동사원형이라고 하며 사전에 실려있는 기본형태라고 할 수 있다. 동사원형(기본형태)은 조동사 뒤, to(부정사 p.134)뒤에서, 사역동사 (p.108) 뒤에서 쓰인다.

❶ **누가-한다-무엇을, 누가-상태·모습-어떤**에서
I eat rice. 내가 먹는다/ 밥을.
You are happy. 네가 상태모습이다/ 행복한.

❷-1 **누가**를 생략하고 don't를 넣으면 하지 말라고 시키는 문장이 된다.
Don't eat rice. 먹지 마라/ 밥을.

❷-2 **누가**를 생략하고 don't be를 넣으면 **상태·모습**이지 말라고 시키는 문장이 된다.
Don't be happy. 상태모습이지 마라/ 행복한.

235 영어를 공부하지 마라. Don't study English.
   한다   한다   무엇을

236 배고프지 마라. Don't be hungry.
   상태모습 상태모습 어떤

237 한 편지를 쓰지 마라. Don't write a letter.
   한다   한다   무엇을 무엇을

238 그를 좋아하지 마라. Don't like him.
   한다   한다   무엇을

239 물을 마시지 마라. Don't drink water.

240 돈을 가져가지 마라. Don't take money.

241 한 사과를 먹지 마라. Don't eat an apple.

실전 생활영어

29

bother [báðər] 신경쓰다 touch [tʌʧ] 만지다
silly [síli] 어리석은 sweat [swet] 땀 흘리다
chicken [ʧíkən] 닭

242
2012
국가직
9급,
2012
1차
경찰

뒷사람 때문에 힘들어하는 친구에게
신경 쓰지 마.
<u>한다</u> <u>한다</u>

243

전기선을 씹는 아이에게
그것을 만지지 마.
<u>한다</u> <u>한다</u> <u>무엇을</u>

244

stupid보다는 약하지만 여전히 듣기 싫은 말
어리석게 굴지 마.
<u>상태모습</u> <u>상태모습</u> <u>어떤</u>

245

포카리스웨트에서 스웨트는 땀(을 흘리다)
그것에 땀 흘리지 마.
<u>한다</u> <u>한다</u> <u>무엇을</u>

246

공포영화를 보면 닭살이 돋든 쫄지 말라고 할 때
닭이 되지 마.
<u>상태모습</u> <u>상태모습</u> <u>어떤</u>

정답

242 Don't bother.
243 Don't touch it.
244 Don't be silly.
245 Don't sweat it.
246 Don't be chicken.

do [du] 한다 **that** [ðæt] 저것 **take** [teik] 가져가다
waste [weist] 낭비하다 **time** [taim] 시간 **tell** [tel] 들려주다
flatter [flǽtər] 잘난척하다, 아첨하다

247
아이를 혼낼 때
저것을 다시 하지 마.
한다   한다   무엇을   again.
문법 do를 '한다' 위치에 넣으면 '한다'를 의미한다.

248
미안하지만 나쁜짓을 해야만 할 때
그것을 개인적으로 가져가지(받아들이지) 마.
한다   한다   무엇을   personally.

249
도를 아시냐고? 제사 지내라고?
너의 시간을 낭비하지 마.

250
설마 사실일 것 같아 무서워
나에게 말(이야기)하지 마.

문법 say나 talk은 말을 듣는 대상에게 to를 써야 하지만 tell은 쓰지 않는다.

251
너무 잘난 척 하는 거 아니야?
너 스스로 잘난 척 하지 마라.

---

247 Don't do that again.
248 Don't take it personally.
249 Don't waste your time.
250 Don't tell me.
251 Don't flatter yourself.

*한다 다음 무엇을이 아닐 때

누가-한다-(누구에게)-무엇을

I - give - (you) - rice.

한다와 무엇을 사이에 누구에게가 올 수 있다.

형태가 다른 무엇을 배워 보기*

누가-한다-무엇이-어떻게

I - make - you - (happy).

무엇을 설명해 주는 말이 뒤에 올 수 있다.

무료강의, MP3
goo.gl/gMwnfH
대소문자 주의

30 누구에게-무엇을 (4형식)

관련단원 미드천사 기초회화패턴 5단원, 영화영작 기본패턴 15단원

I give (you) rice.

누가	한다	누구에게	무엇을
내가	준다	너에게	밥을

✻ **준다**는 뜻의 **한다** 중에 많이 쓰는 것은, **한다**와 **무엇을** 사이에 **누구에게**가 올 수 있다. **누구에게** 앞에는 전치사가 붙지 않는다.

✻ **패턴설명**

4형식이라고 불리는 패턴이다. 4형식과 5형식은 3형식에서 파생된 것이다. 문장을 만들기 전에 몇 형식인지 생각하고 만드는 게 아니라 3형식을 기본으로 필요에 따라 4형식이나 5형식의 요소를 붙인다.

누구에게가 궁금해지는 동사 중 많이 쓰는 단어는 이런 것들이 있다.

ask, assure, bring, buy, find, get, give, inform, lend, make, notify, offer, remind, send, show, tell…

이런 동사들은 동사 바로 다음(무엇을 앞에 누구에게를 쓸 때) to, for 등의 전치사 없이 바로 누구에게를 쓴다.

I give to you rice. X
I give you rice. O
I give rice to you. O

❶ **누가-한다-무엇을**에서
I give rice. 내가 준다/ 밥을.

❷-1 **한다**와 **무엇을** 사이에 **누구에게**가 올 수도 있다.
I give you rice. 내가 준다/ 너에게 밥을.

❷-2 아니면 **무엇을** 뒤에 **전치사와** 함께 **누구에게**를 쓸 수도 있다.
I give rice to you. 내가 준다/ 밥을/ 너에게.
I give rice for you. 내가 준다/ 밥을/ 너를 위해.

누구에게-무엇을이 많이 어렵다면 쉬운 문장 한 개만 외우고 넘어가세요.

252 엄마는 나에게 돈을 준다. give   Mom gives me money.
누가   한다   누구에게   무엇을

253 그들은 나에게 그 고양이를 보여준다. show   They show me the cat.
누가   한다   누구에게
무엇을   무엇을

254 나는 당신에게 한 편지를 보낸다. send   I send you a letter.
누가   한다   누구에게
무엇을   무엇을

255 나는 그녀에게 한 고양이를 사준다. buy   I buy her a cat.
누가   한다   누구에게
무엇을   무엇을

256 그는 그 이야기를 나에게 말한다. tell   He tells me the story.
누가   한다   누구에게
무엇을   무엇을

257 그들은 당신에게 행복을 가져온다. bring   They bring you happiness.

258 우리는 그 선생님에게 그 질문을 묻는다. ask   We ask the teacher the question.

실전 생활영어

31

give [giv] 주다 **second** [sékənd] 초, 두번째 **read** [riːd] 읽다 **book** [buk] 책
kiss [kis] 키스(하다) **pass** [pæs] 지나가다, 통과하다 **water** [wɔ́ːtər] 물
owe [ou] 빚지다 **one** [wʌn] 한 번, 한 개, 한 사람

259
1초라고 진짜 딱 1초를 의미하는 것은 아니지만
나에게 일초만 줘.
한다   누구에게   무엇을   무엇을

260
자기 전 자녀에게 꼭 해줘야 하는 것
제게 책들을 읽어주세요.
한다   누구에게   무엇을

261
자녀에게 하면 사랑, 친구에게 하면 변태
나에게 한 키스를 줘.
한다   누구에게   무엇을   무엇을

262
넓은 테이블에서 같이 먹을 때 목이 마르면
저에게 그 물을 건네주세요.
한다   누구에게   무엇을   무엇을

263
Thank you로 답하기에는 미안할 정도로 큰 도움을 받았을 때
나는 너에게 한번 빚진다.
누가   한다   누구에게   무엇을

문법 one는 사람 한 명, 사물 한 개, 또는 횟수 한 번을 의미한다.

정답
259 Give me a second.
260 Read me books.
261 Give me a kiss.
262 Pass me the water.
263 I owe you one.

wish [wiʃ] 바라다 **good** [gud] 좋은 **luck** [lʌk] 운 **buy** [bai] 사다 **drink** [driŋk] 마실 것, 마시다
send [send] 보내다 **photo** [fóutou] 사진 **professor** [prəfésər] 교수님
paid [peid] 지불했다(pay의 과거) **compliment** [kámpləmənt] 칭찬
gave [geiv] 줬다(give의 과거) **wrong** [rɔ́ːŋ] 잘못된, 틀린 **change** [tʃeindʒ] 바꾸다, 잔돈

264
2013
국가직
9급

메리크리스마스 말고 행운을 빌어보자
나는 너에게 행운을 바란다.
누가   한다   누구에게   무엇을   무엇을

265

식사 후 전부 계산하려는데 친구가 자신이 내겠다고 하면
나에게 한잔 사줘.
한다   누구에게   무엇을   무엇을

266

사진기는 안 갖고 왔지만 사진은 갖고 싶을 때
그 사진들을 저한테 보내주세요.

267
2014
지방직
9급

인사도 안 받아 주는 교수님이 웬일이래 (과거)
그 교수님은 나에게 한 칭찬을 (지불)했다.

문법 change는 동사(한다)로 바꾸다, 명사(누가나 무엇을)로 잔돈을 의미한다.

268

여행 가서 확인 안 하면 사기당하는 (과거)
너는 그 잘못된 잔돈을 나에게 줬다.

264 I wish you good luck.
265 Buy me a drink.
266 Send me the photos.
267 The professor paid me a compliment.
268 You gave me the wrong change.

무엇을-어떻게 1 (5형식 일반동사)

32

관련단원 미드천사 기초회화패턴 6단원, 영화영작 기본패턴 15단원

I make you happy.

누가	한다	무엇이	어떻게
내가	만든다	너를	행복하게

✱ **무엇을**이 어떤 상태나 모습인지 궁금하게 하는 의미의 **한다**는 **무엇을**을 설명하는 말^{어떤}이 뒤에 붙을 수 있다.

✱ 패턴설명
　표제 문장에서 행복한 건 내가 아니라 너이다. 만약 내가 행복한 기분으로 너를 만들었다면 happy가 아니라 happily를 써야 한다.
　5형식으로 많이 쓰는 동사는 이런 것들이 있다.
　call, consider, elect, keep, make...

✱ make
　I make. 1형식
　I make a robot. 3형식
　I make a robot happy. 5형식
　한 동사가 특정한 한가지 형식으로만 쓰이는 것이 아니라, 뒤에 어떤 내용이 오느냐에 따라 다른 구조를 가진다.

❶ **누가-한다-무엇을**에서 **무엇을**까지만 써도 되지만
　I make you. 내가 만든다/ 너를.

❷-1 **무엇을**을 설명하고 싶으면 **무엇을** 뒤에 **어떤**이 올 수도 있다.
　I make you happy. 내가 만든다/ 너를 행복하게.

❷-2 **어떤**에는 **명사, 형용사, 전치사+명사**가 올 수 있다.
　I make you a teacher. 내가 만든다/ 너를 한 선생님으로.
　I make you happy. 내가 만든다/ 너를 행복하게.
　I make you at school. 내가 만든다/ 너를 학교에 있게.
　I call you Mike. 나는 부른다/ 너를 마이크라고.

269 나는 너를 행복하게 만든다. make I make you happy.
누가   한다   무엇이   어떻게

270 너는 그것을 더 나쁘게 만든다. make You make it worse.
누가   한다   무엇이   어떻게

271 나를 쌀이라고 부르지 마라. call Don't call me rice.
한다   한다   무엇이   어떻게

272 그녀는 나를 Mike라고 부른다. call She calls me Mike.
누가   한다   무엇이   어떻게

273 나는 내 머리카락을 잘라지게 한다. have I have my hair cut.
누가   한다
무엇이   무엇이   어떻게

274 그녀는 나를 한 의사로 만든다. make She makes me a doctor.

275 그들은 그것을 뚱뚱하게 유지한다. keep They keep it fat.

실전 생활영어

33

call [kɔːl] 부르다　make [meik] 만들다　double [dʌbl] 두 배, 두 개
take [teik] 가져가다　easy [íːzi] 쉬운　worse [wəːrs] 더 나쁜
drive [draiv] 몰아가다　crazy [kréizi] 미친

276
황의민이 발음하기 어렵다는 외국인에게
나를 마이크라고 불러요.
　한다　　무엇이　　어떻게

277
500원만 추가하면 곱빼기!
그것을 한 두 배로 만들어줘요.
　한다　　무엇이　　어떻게　어떻게

278 2011 국가직 7급
긴장하는 친구에게
그것(마음)을 쉽게 가져가.
　한다　　무엇이　　어떻게

279
불난 집에 부채질 하려고 할 때
그것을 더 나쁘게 만들지 마세요.
　한다　　한다　　무엇이　어떻게

280 2015 국가직 7급 변형
그녀 덕분에 나의 한계가 어디까지인지 알게 됐다
그녀는 나를 미치게 몰아간다.
　누가　　한다　　무엇이　어떻게

정답

- **276** Call me Mike.
- **277** Make it a double.
- **278** Take it easy.
- **279** Don't make it worse.
- **280** She drives me crazy.

dye [dai] 염색하다 hair [heər] 머리카락 red [red] 붉은색 want [wɔːnt] 원하다
done [dʌn] 끝나진 ride [raid] 타다, 탈 것 sick [sik] 아픈 handsome [hǽnsəm] 잘생긴
permed [pə́ːmd] 파마 되어진

281
외국에서 빨간 머리는 성깔과 성급함의 아이콘?
그녀는 그녀의 머리를 붉게 염색했다.
<u>누가</u> <u>한다</u> <u>무엇이</u> <u>무엇이</u> <u>어떻게</u>

282
일을 시킨 지 며칠째 진척 없는 부하 직원에게 압력 넣기
나는 가능한 한 빨리 그것이 되어지길 원해요.
<u>누가</u> <u>한다</u> <u>무엇이</u> <u>어떻게</u> ASAP.

문법 ASAP는 As Soon As Possible의 약자.

283
고소공포증이 있는데 하필 놀이동산에
타는 것들은 나를 아프게 만든다.
_____ _____ _____ _____

284
고급차와 함께 등장한 한 남자
그것이 그를 잘생기게 만든다.
_____ _____ _____ _____

285
숱이 없는 머리, 많아 보일 수는 없을까?
나는 내 머리가 파마 되기를 원해요.
_____ _____ _____ _____

281 She dyed her hair red.
282 I want it done ASAP.
283 Rides make me sick.
284 It makes him handsome.
285 I want my hair permed.

무엇이-어떻게 2 (5형식 사역동사)

34

관련단원 미드천사 기초회화패턴 6단원, 영화영작 기본패턴 15단원

I make you eat rice.

누가	한다	무엇이	어떻게	무엇을2
내가	만든다	너를	먹도록	밥을

✱ 시키는 의미를 가진 **한다** 중에 have, let, make는, **무엇을**의 행동에 대한 말(어떻게)이 **한다**의 원래 형태로 뒤에 붙는다.

✱ 패턴설명

누가-한다-무엇을에서 '한다'에서, 시키는 의미를 가진 동사 have, let, make를 쓰면 사역동사로, 뒤에 한다의 원래 형태가 와야된다. help의 경우 원래의 형태를 쓸 수도 있고, to+한다 p.134를 쓸 수도 있다.

I made him eating. X
I made him eat. O
I help him eat. O
I help him to eat. O

✱ 지각동사

느끼는 의미의 동사(see, hear, feel 등)도 뒤에 동사원형을 쓸 수 있다. 이 경우 Ving 형태도 가능하다. p.118

I saw you eat rice. O
I saw you eating rice. O

✱ let's

let us를 줄여서 주로 let's로 쓴다.

❶ 누가-한다-무엇을에서 **한다**를 have, let, make를 쓰고,
I make you. 내가 만든다/ 너를.

❷ **무엇을**이 어떤 행동 하도록 시킨다면, **무엇을** 뒤에 동사 원형(사전에 실린 형태를 써야 한다 참고로 have(가지게 하다, let(허락)하다, make 만들게 하다가 아닌 경우에는 to+한다를 써야 한다. p.134.

I make you eat rice. 내가 만든다/ 네가 먹도록 밥을.
I가 먹는 게 아니라 you가 먹는 것

286 우리가 먹도록 (허락)하자. Let's eat.
한다+무엇이 어떻게

287 우리가 가도록 (허락)하자. Let's go.
한다+무엇이 어떻게

288 나는 그녀가 가게 만든다. I make her go.
누가   한다   무엇이 어떻게

289 그들이 밥을 먹도록 (허락)하자. Let them eat rice.
한다   무엇이 어떻게 무엇을2

290 엄마는 나를 먹게 만든다. Mom makes me eat.
누가   한다   무엇이 어떻게

291 그들은 내가 먹는 것을 가지게(하게) 한다. They have me eat.

292 그들은 그 아기가 우는 것을 봤다. see They saw the baby cry(crying).

실전 생활영어

35

let [let] 허락하다 **breakfast** [brékfəst] 아침 식사
call [kɔːl] 부르다 **dad** [dæd] 아빠 **take** [teik] 가져가다 **rest** [rest] 휴식
help [help] 돕다

293
2011 국가직 9급 변형

드디어 준비를 끝마치고 시작할 때
우리가 (알아)보도록 (허락)하자.
한다+무엇이 어떻게

294

깨워도 안 일어나는 아들
우리가 아침 식사를 먹도록 하자.
한다+무엇이 어떻게 무엇을2

295

자꾸 괴롭히면!
내가 아빠를 부르도록 (허락)해라.
한다 무엇이 어떻게 무엇을2

296
2013 서울시 9급

휴식은 셀 수 있을까 없을까?
우리에게 한 휴식을 갖도록 (허락)하자.
한다+무엇이 어떻게 무엇을2 무엇을2

297

무슨 일이든 돕고 싶어 하는 아이들
제가 당신을 돕게 (허락)해요, **엄마.**
한다 무엇이 어떻게 무엇을2, mom.

정답

293 Let's see.
294 Let's have breakfast.
295 Let me call dad.
296 Let's take a rest.
297 Let me help you, mom.

split [split] 나누다 bill [bil] 계산서 call [kɔːl] 부르다 day [dei] 날
see [siː] 보이다, 알다 play [plei] 놀다 piano [piǽnou] 피아노 close [klouz] 닫다
window [wíndou] 창문 happen [hǽpən] 발생하다

298

평등한 관계로 부담 없이 만나려면 더치페이가 최고!
우리가 그 계산서를 나누도록 하자.
한다+무엇이 어떻게 무엇을2 무엇을2

299
2011
지방직
7급

할 만큼 했으니까 이걸로 오늘 일과는 끝!
우리가 그것을 한 날이라고 부르자.
한다+무엇이 어떻게 무엇을2 a 무엇을2

300
2014
지방직
7급
변형

남자가 피아노 치면 더 멋있어 보여
나는 마이크가 그 피아노 치는 것을 본다.
_____ _____ _____ _____ _____

301

추워 죽겠네
내가 그 창문 닫는 것을 (허락)해요.
_____ _____ _____ _____

302

혼낼 때 쓰면 딱 좋아
그것이 다시 발생하도록 (허락)하지 마라.
_____ _____ _____ _____ again.

298 Let's split the bill.
299 Let's call it a day!
300 I see Mike play(ing) the piano.
301 Let me close the window.
302 Don't let it happen again.

✳︎ 어떤 언어에서든 가장 중요하고 어려운 부분은 동사입니다. 구조에 따른 명사와 동사의 쓰임만 제대로 알면 그 언어의 80% 이상은 배웠다고 볼 수 있습니다. 명사는 수나 성에 따라 달라지기는 해도 대부분 규칙적으로 변하며 크게 어려운 점은 없습니다. 하지만 동사는 수, 시제, 성 등에 따라 다양하게 변하므로 익히는 데 많은 시간이 걸립니다.

help는 '돕다'지만, '돕는 것', '돕는 중인', '도와진' 등을 의미하기 위해 help에 새로운 것을 추가해서 표현합니다. 그 동사에 추가된 표현을 준동사라고 합니다. 준동사는 위치에 따라 뜻이 달라지며, 형태에 따라 3가지 종류가 있습니다.

1.to help: 돕는 것, 돕기 위해
명사적 용법: 42.to+한다가 무엇을일 때 p.134
부사적 용법: 46.to+한다가 누가나 무엇이 아닐 때 p.142

2.helping: 돕는 중인, 돕는 것
진행형: 36.잠시 ~하고 있는 상태·모습 p.116
동명사: 44.Ving가 무엇을일 때 p.138

3.helped: 도왔다, 도와진
과거: 22.과거의 행동을 말할 때 p.78
수동태: 39.밥은 아무것도 하지 않았다 (수동태) p.124

누가-한다-무엇을의 '한다'나 누가-상태모습-어떤'의 '상태모습'을 본동사라고 합니다. 영어 문장 한 개에서 본동사는 한 개만 있어야 하고, 또 동사를 쓰고 싶으면 준동사로 만들어서 써야 합니다. 한 문장에 본동사를 두 개 이상을 쓰는 경우는 접속사(<6시간에 끝내는 생활영어 회화천사: 전치사/접속사>에 수록)를 써야 합니다.

이 단원에서 준동사뿐 아니라 2형식을 응용한 문장과 부정문을 통해 그동안 배운 내용을 응용하고 정리, 복습해봅니다.
2형식 응용: 50.변화 과정이 보이는 한다 p.152
부정문: 54.상태·모습 뒤의 not은 아니라는 문장 p.162

준동사

변형된 동사의 3가지 형태

*동사의 형용사 형태는 두가지

Eating

I - am - eating rice.

먹는 중인 (한다+ing)

studying, speaking, telling, enjoying, starting, opening, listening,
coming, giving, dancing, changing, preparing, solving,
running, sitting, hitting, digging, winning, forgetting, stopping, planning,
dying, tying, lying...

공식의 수동형 사용법 구분 *

Eaten

Rice - is - eaten.

먹혀진 (한다+ed, 위의 eaten은 예외 p.182)

looked, wanted, helped, enjoyed, started, covered, listened, opened,
lived, used, danced, loved, changed, prepared, united, solved,
studied, carried, worried, cried, fried,
begged, planned, stopped, droped...

무료강의, MP3
goo.gl/QZXkUy
대소문자 주의

잠시 ~하고 있는 **상태·모습**

관련단원 미드천사 왕초보패턴 10단원, 영화영작 기본패턴 8단원

I am eating rice.

누가   한다(상태·모습·어떤)   무엇을
내가   상태·모습이다   먹는 중인   밥을

✻ 짧은 시간(몇초~몇시간)의 **상태·모습**을 말할 때

✻ **패턴설명**

eat는 음식을 입에 넣고 씹어서 삼켜야 한다. 삼키기 전까지는 eating이다.

그래서 이 패턴은 언젠가는 끝날 일이라는 의미를 담고 있으므로, 한번 일어나면 끝날 일이 없는 상태동사(know, love, want...)에는 (원칙은) 쓰지 않는다.

I'm loving you. X
I love you. O

반면에 현재시제(누가-한다-무엇을에서 한다가 원래 형태인 경우)는 주로 몇 시간, 며칠 이상의 긴 시간에 걸쳐 항상 일어나거나 반복해서 일어나는 일에 관심을 두고 말한다.

The sun rises.
I go to school.

❶ **누가-상태·모습-어떤**에서
I am happy. 내가 상태모습이다/ 행복한.

❷ **어떤이 한다+ing면 ~하는 중인**을 뜻한다.
I am eating. 내가 상태모습이다/ 먹는 중인.

303 나는 밥을 먹는 중이다.   I'm eating rice.

　　누가+상태모습　어떤　무엇을

304 그들은 밥을 먹는 중이다.   They're eating rice.

　　누가+상태모습　어떤　무엇을

305 Mike는 밥을 먹는 중이다.   Mike is eating rice.

　　누가　상태모습　어떤　무엇을

306 그녀는 한 편지를 쓰는 중이다.   She's writing a letter.

　　누가+상태모습　어떤
　　무엇을　무엇을

307 우리는 영어를 공부하는 중이다.   We're studying English.

　　누가+상태모습　어떤　무엇을

308 한 고양이는 밥을 먹는 중이다.   A cat is eating rice.

309 너는 그 차를 만드는 중이다.   You're making the car.

한다(동사)+ing 만들기

-ing
대부분의 경우 뒤에 ing

-eing
e로 끝날 때, e빼고 ing

*11	doing	하는 중인	12	having	가지는 중인
17	knowing	아는 중인	49	liking	좋아하는 중인
19	going	가는 중인	55	coming	오는 중인
40	thinking	생각하는 중인	67	making	만드는 중인
41	wanting	원하는 중인	71	taking	가져가는 중인
56	saying	말하는 중인	80	loving	사랑하는 중인
61	telling	말하는 중인	100	giving	주는 중인
63	seeing	보(이)는 중인	153	believing	믿는 중인
65	looking	눈을 향하는 중인	168	leaving	남기고 떠나는 중인
72	meaning	의미하는 중인	178	living	사는 중인
88	needing	필요하는 중인	179	using	사용하는 중인
95	talking	말하는 중인	184	caring	돌보는 중인
98	thanking	감사하는 중인	209	losing	지는 중인, 잃는 중인
111	feeling	느끼는 중인	212	hoping	소망하는 중인
113	calling	부르는 중인, 전화하는 중인	233	moving	움직이는 중인
114	hearing	들리는 중인	244	changing	바꾸는 중인
115	finding	찾는 중인	265	supposing	추측하는 중인
116	trying	시도하는 중인	302	excusing	봐주는중인, 변명하는 중인
121	happening	발생하는 중인	314	causing	야기하는 중인
122	working	일하는 중인	320	hating	싫어하는 중인
130	waiting	기다리는 중인	325	closing	닫는 중인
131	helping	돕는 중인	348	promising	약속하는 중인
142	keeping	유지하는 중인	360	saving	구하는 중인, 아끼는 중인
144	showing	보여주는 중인	365	deciding	결정하는 중인
150	asking	묻는 중인, 요구하는 중인	390	figuring	모습을 알아내는 중인
159	puting	놓는 중인	408	driving	운전하는 중인
171	listening	귀 기울이는 중인	420	writing	쓰는 중인
181	killing	죽이는 중인	458	realizing	깨닫는 중인
182	starting	시작하는 중인	459	surprising	놀라는 중인
188	staying	머무르는 중인	486	mistaking	실수하는 중인
199	guessing	추측하는 중인	521	dancing	춤추는 중인
200	understanding	이해하는 중인	542	welcoming	환영하는 중인

-ying

ie로 끝나면, i를 y로 바꾸고 ing

256	lying	거짓말하는 중인
264	dying	죽는 중인
순위밖	tying	매는 중인

자음+ing

단모음+단자음으로 끝나고, 끝에 강세가 있으면, 끝자음을 추가하고 ing

21	ge**tt**ing	생기는 중인
77	le**tt**ing	허락하는 중인
158	sto**pp**ing	멈추는 중인
207	ru**nn**ing	달리는 중인
382	se**tt**ing	놓는 중인
503	dro**pp**ing	떨어트리는 중인
514	wi**nn**ing	이기는 중인
524	be**tt**ing	틀림없는 중인
555	contro**ll**ing	통제하는 중인
607	begi**nn**ing	시작하는 중인
666	admi**tt**ing	인정하는 중인
858	ri**dd**ing	없애는 중인
993	gra**bb**ing	잡는 중인

연습문제

cry
write
study
make
water
run
touch
die
bore
play

lie
humiliate
ignore
enjoy
tire
excite
leave
whine
bug
get

하면 될지도

정답

crying
writing
studying
making
watering
running
touching
dying
boring
playing

lying
humiliating
ignoring
enjoying
tiring
exciting
leaving
whining
bugging
getting

goo.gl/SLfzFW
추가 연습 자료와 MP3 ▶

실전 생활영어

mouth [mauθ] 입   **watering** [wɔ́ːtəriŋ] 물을 주는 중인
nose [nouz] 코   **running** [rʌ́niŋ] 달리는 중인
touching [tʌ́ʧiŋ] 만지는 중인   **boring** [bɔ́ːriŋ] 지루하게 하는 중인
playing [pléiiŋ] 노는 중인

310

맛있는 음식을 봤을 때 침이 고이면
나의 입은 물을 주는 중이다.
누가   누가   상태모습   어떤

311

콧물이 들어왔다 나갔다 빠르게 움직이면
나의 코는 달리는 중이다.
누가   누가   상태모습   어떤

312

브라이언 트레이시의 강연이 나의 마음을 매만져주면
그것은 아주 감동적이다.
누가+상태모습 very   어떤

313

초등학교 교장 선생님 연설
저것은 아주 지루하다.
누가+상태모습 so   어떤

314

너도 어장의 물고기 중 하나였지?
그녀는 너를 가지고 노는 중이다.
누가+상태모습   어떤   무엇을

 정답

310 My mouth is watering.
311 My nose is running.
312 It's **very** touching.
313 That's **so** boring.
314 She's playing you.

toilet [tɔ́ilit] 화장실, 변기 **overflowing** [ouvərflouiŋ] 넘치는 중인
photo [fóutou] 사진 **humiliating** [hju:mílieitiŋ] 굴욕을 주는 중인
tooth [tu:θ] 치아 **killing** [kíliŋ] 죽이는 중인 **pulling** [puliŋ] 당기는 중인 **leg** [leg] 다리
ignoring [ignɔ́:riŋ] 무시하는 중인 **text** [tekst] 글 **message** [mésidʒ] 메시지

315
얼마나 큰 똥을 쌌길래
그 화장실은 넘치는 중이다.
　누가　　누가　　상태모습　　어떤

316
이보다 더 부끄러울 수는 없다
그 사진은 굴욕적이다.
　누가　　누가　　상태모습　　어떤

317
세상에서 가장 아픈게 치통이라는데
나의 이빨은 나를 죽이는 중이다.
　누가　　누가　　상태모습　　어떤　　무엇을

318
2005
3차
경찰

농담한다는 표현을 돌려 말하면
너는 나의 다리를 잡아당기는 중이다.
　누가+상태모습　　어떤　　무엇을　　무엇을

319
날 싫어하는 것일까 밀당일까?
그녀는 나의 문자 메세지들을 무시하는 중이다.
　누가+상태모습　　어떤
　　무엇을　　무엇을　　무엇을

---

315 The toilet is overflowing.
316 The photo is humiliating.
317 My tooth is killing me.
318 You're pulling my leg.
319 She's ignoring my text messages.

과거에 잠시 ~하고있는 상태·모습

38 관련단원 미드천사 왕초보패턴 10단원, 영화영작 기본패턴 8단원

I was eating rice.

누가   한다(상태·모습+어떤)   무엇을
내가   상태·모습이었다 먹는 중인   밥을

✱ **상태·모습**에 **과거형태**^{was,were}를 써준다.

✱ **패턴설명**

현재를 말할 때^{p.74}와 마찬가지로 **be동사-한다+ing**는 ~하는 중인을 의미한다. 몇 초에서 몇 시간 정도의 짧은 기간의 움직임의 상태·모습에 관심을 두고 말한다.

❶ **누가-상태·모습-어떤**에서
I was happy. 나는 상태모습이었다 / 행복한.

❷ **어떤이 한다+ing**면 ~하는 중인을 뜻한다.
I was eating. 나는 상태모습이었다 / 먹는 중인.

✱ **수동태의 과거**

과거에 밥의 입장에서 당하는 것은 be동사(상태·모습)만 과거로 바꿔 주면 된다.
Rice was eaten.
English was studied.
Cat was liked.

320 나는 밥을 먹는 중이었다.   I was eating rice.
  누가 상태모습 어떤 무엇을

321 그들은 밥을 먹는 중이었다.   They were eating rice.
  누가 상태모습 어떤 무엇을

322 Mike는 밥을 먹는 중이었다.   Mike was eating rice.
  누가 상태모습 어떤 무엇을

323 그녀는 그 자동차를 만드는 중이었다.   She was making the car.
  누가 상태모습 어떤
  무엇을 무엇을

324 우리는 음악을 즐기는 중이었다.   We were enjoying music.
  누가 상태모습 어떤 무엇을

325 그 고양이는 밥을 먹는 중이었다.   The cat was eating rice.

326 너는 영어를 공부하는 중이었다.   You were studying English.

밥은 아무것도 하지 않았다 (수동태)

39

관련단원 미드천사 기초회화패턴 3단원, 영화영작 기본패턴 9단원

Rice is eaten.

누가 　 상태·모습 　 어떤
밥이 　 상태·모습이다 　 먹힌

* 밥의 입장에서 보면, 어떤 행동도 하지 않았기 때문에 **상태·모습**을 쓴다.

* 패턴설명

누가-상태·모습-어떤에서 **어떤**의 형용사가 보통의 형용사가 아니라 과거분사(동사+ed)의 형태인 경우를 수동태라고 한다.

무엇을의 관점에서 말할 때, 어떤 행동을 한 사람이 누구인지(또는 무엇인지) 별 관심이 없거나 모를 때 수동태를 쓴다. 그래서 뒤에 **by+행위자**는 주로 쓰지 않는다.

* 과거분사 (p.182)

한다 뒤에 ed가 붙은 형태로 **~되어진**을 의미하는 형용사이다. 부록p.182에 과거분사가 ed로 끝나지 않는 동사를 모아 두었다.

❶ **누가-상태·모습-어떤**에서
I am happy. 나는 상태모습이다/ 행복한.

❷ **어떤**의 형용사가 과거분사 주로 동사+ed면. **~되어진**을 뜻한다.
Rice is eaten. 밥은 상태모습이다/ 먹혀진.
I am liked. 나는 상태모습이다/ 좋아해진.

327 밥은 먹혀진다.   Rice is eaten.
　　누가　상태모습　어떤

328 그 편지는 만들어진다.   The letter is made.
　　누가　누가　상태모습　어떤

329 그 책은 가져가진다.   The book is taken.
　　누가　누가　상태모습　어떤

330 한 가방이 사용된다.   A bag is used.
　　누가　누가　상태모습　어떤

331 나는 지루해진다.   I'm bored.
　누가+상태모습　어떤

332 노래들이 불려진다.   Songs are sung.
　　누가　상태모습　어떤

333 그녀는 피곤해진다.   She's tired.
　누가+상태모습　어떤

불규칙 동사 만들기

문제1

순위	단어(현재)	과거	과거분사
*12	have		
17	know		
19	go		
21	get		
40	think		
55	come		
56	say		
61	tell		
63	see		
67	make		
71	take		
72	mean		
77	let		
100	give		
111	feel		
114	hear		
115	find		
142	keep		
144	show		
159	put		
168	leave		
207	run		
209	lose		
221	bring		
245	hold		
250	hurt		
257	break		
261	meet		

정답1

현재	과거	과거분사	의미
have	had	had	가지다
know	knew	known	안다
go	went	gone	가다
get	got	gotten	생기다
think	thought	thought	생각하다
come	came	come	오다
say	said	said	말하다
tell	told	told	말하다
see	saw	seen	보(이)다
make	made	made	만들다
take	took	taken	가져가다
mean	meant	meant	의미하다
let	let	let	허락하다
give	gave	given	주다
feel	felt	felt	느끼다
hear	heard	heard	들리다
find	found	found	찾다
keep	kept	kept	유지하다
show	showed	shown	보여주다
put	put	put	놓다
leave	left	left	남기고 떠나다
run	ran	run	달리다
lose	lost	lost	지다, 잃다
bring	brought	brought	가져오다
hold	held	held	유지하다
hurt	hurt	hurt	아프게 하다
break	broke	broken	부수다
meet	met	met	만나다

※ 각 단어 앞의 숫자는 1004 어휘의 순위입니다. <8시간에 끝내는 기초영어 미드천사 책을 참고해주세요.

문제2

순위	단어(현재)	과거	과거분사
262	forget		
285	pay		
288	sit		
332	sleep		
350	stand		
358	drink		
362	send		
375	speak		
376	fight		
377	spend		
382	set		
389	buy		
391	eat		
392	read		
396	fall		
408	drive		
413	hang		
414	throw		
420	write		
436	shut		
445	catch		
473	shot		
477	wear		
479	dream		
486	mistake		

정답2

현재	과거	과거분사	의미
forget	forgot	forgotten	잊다
pay	paid	paid	지불하다
sit	sat	sat	앉다
sleep	slept	slept	자다
stand	stood	stood	서다, 견디다
drink	drank	drunk	마시다
send	sent	sent	보내다
speak	spoke	spoken	말하다
fight	fought	fought	싸우다
spend	spent	spent	소비하다
set	set	set	놓다
buy	bought	bought	사다
eat	ate	eaten	먹다
read	read	read	읽다
fall	fell	fallen	떨어지다
drive	drove	driven	운전하다
hang	hung	hung	걸다
throw	threw	thrown	던지다
write	wrote	written	쓰다
shut	shut	shut	닫다
catch	caught	caught	잡다
shot	shot	shot	쏘다
wear	wore	worn	입다
dream	dreamt	dreamt	꿈꾸다
mistake	mistook	mistaken	실수하다

더 쉽게 암기하는
종류별 불규칙 동사는 p.182에 있습니다.
먼저 암기 후에 풀어보세요.

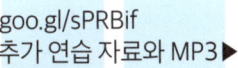
goo.gl/sPRBif
추가 연습 자료와 MP3 ▶

실전 생활영어

40

exhausted [igzɔ́ːstid] 탈진된 **fined** [faind] 벌금이 부과된
mind [maind] 마음 **set** [set] 특정한 곳에 놓다 **broke** [brouk] 파산한
car [kaːr] 자동차 **broken** [bróukən] 부서진

334
2013
서울시
9급

더는 움직일 힘이 없다면
나는 탈진됐다.
누가+상태모습   어떤

335
2013
국가직
9급

운전하고 있는데 갑자기 경찰차가 세우면
너는 벌금이 부과된다.
누가+상태모습   어떤

336
2012
국가직
7급

누구랑 사귈지, 어디에 취업할지 결심했어!
나의 마음은 놓여(정해)졌다.
누가   누가   상태모습   어떤

337
2015
서울시
9급

헬조선에 살다보면 한 번쯤 경험하는
나는 **이미** 파산했다.
누가+상태모습 already   어떤

문법 이 문장은 broke가 과거분사가 아니므로 수동태는 아니다.

338
2011
서울시
9급

똑같은 차인데 이상하게 한국에서 파는 것만 잘 고장 나네 (과거)
나의 자동차는 부서졌다.
누가   누가   상태모습   어떤

정답

334 I'm exhausted.
335 You're fined.
336 My mind is set.
337 I'm already broke.
338 My car was broken.

fired [fáiərd] 해고된   drug [drʌg] 약   addict [ǽdikt] 중독자   killed [kild] 죽여진
cat [kæt] 고양이   allow [əláu] 허락하다   written [rítn] 쓰여진
book [buk] 책

339

총에 맞은 것처럼 아픈 이유는
너는 해고됐다.

누가+상태모습   어떤

340
2010
2차
경찰

요새 필리핀에서는 흔한 일 (과거)
한 마약 중독자가 살해됐다.

누가   누가   누가   상태모습   어떤

341
2014
국가직
7급

고양이하고 개중에 뭘 더 좋아하나요?
고양이들은 허락된다.

_____ _____ _____

342
2013
1차
경찰

그 책을 쓴 사람은 누구?
그것은 마이크에 의해 쓰여졌다.

_____ _____ by Mike.

343
2015
서울시
9급

축제 기간 1주일 전에 호텔을 예약하려고 전화했는데
우리는 완전히 예약됐다.

_____ completely _____

---

339 You're fired.
340 A drug addict was killed.
341 Cats are allowed.
342 It's written by Mike.
343 We're completely booked.

실전 생활영어

41

tired [taiərd] 지친　English [íŋgliʃ] 영어　tiring [táiəriŋ] 지치게 하는 중인
excited [iksáitid] 신나게 되어진　book [buk] 책
exciting [iksáitiŋ] 신나게 하는 중인　humiliated [hjuːmɪlieɪtid] 굴욕적인

344

공부하느라 힘든 나
나는 너무 지쳤다.
누가+상태모습　too　어떤

345

지금 당신이 힘든 이유는?
영어는 나를 지치게 하는 중이다.
누가　상태모습　어떤　무엇을

346

생활영어 회화천사가 너무 재미있어서
나는 신나게 되어진다.
누가+상태모습　어떤

347

이렇게 재미있는 책(생활영어 회화천사)을 봤나!
그 책은 나를 신나게 하는 중이다.
누가　누가　상태모습　어떤　무엇을

348

그 굴욕샷 때문에
나는 굴욕적이다.
누가+상태모습　어떤

정답

344 I'm too tired.
345 English is tiring me.
346 I'm excited.
347 The book is exciting me.
348 I'm humiliated.

130

text [tekst] 글 message [mésidʒ] 메시지 ignored [ignɔːrd] 무시되어진
phone [foun] 전화기 stolen [stóulən] 훔쳐진
steal [stiːl] 훔치다 leave [liːv] 남기고 떠나다 left [left] 남겨진

349
아직까지 답장 없는 그녀
나의 문자메시지들은 무시된다.
누가   누가   누가   상태모습   어떤

350
지하철에서 밖으로 나가려는데, 너의 뒷주머니에서
너의 전화기는 훔쳐진다.
누가   누가   상태모습   어떤

351
식당에서 그림을 보여주더니 그림 뒤에 있던 내 전화기를
그들은 내 전화기를 훔치는 중이다.
_____ _____ _____ _____ _____

352
아빠가 출근할 땐 뽀뽀뽀
아빠는 나를 떠나는 중이다.
_____ _____ _____ _____

353
헬조선에 태어나서 아침 일찍부터 저녁 늦게까지 학교에
나는 남겨진다.
_____ _____

349 My text messages are ignored.
350 Your phone is stolen.
351 They're stealing my phone.
352 Dad is leaving me.
353 I'm left.

✶to+한다는 두가지

~하는 것

I - want - to eat rice.

to+한다가 누가나 무엇을일 때

지구는 둥그니까*

~하기 위해

··
I - want - money - to eat rice.
··

to+한다가 **누가나 무엇을**이 아닐 때

무료강의, MP3
goo.gl/t4XCmN
대소문자 주의

42. to+한다가 무엇을일 때

관련단원 미드천사 기초회화패턴 8단원, 영화영작 기본패턴 18단원

I want to eat rice.

누가	한다	무엇을	무엇을
내가	원한다	먹기를	밥을

✽ to+한다가 누가나 무엇을 자리에 위치하면 ~하는 것을 의미한다.

✽ 패턴설명

한 문장에서 누가와 한다는 하나만 존재하는 것이 원칙이다. 만약 한다를 하나 더 쓰고 싶다면 to+한다나 한다+ing p.118을 쓴다.

toV만 무엇을로 쓰는 한다(동사): advise, afford, agree, aim, allow, ask, cause, compel, convince, decide, desire, enable, encourage, expect, fail, forbid, force, get, hope, invite, manage, need, offer, order, wish, permit, persuade, plan, pretend, propose, promise, refuse, remind, require, serve, tell, want, warn...

I want eating. X
I want to eat. O

❶ 누가-한다-무엇을에서
I want rice. 나는 원한다/ 밥을

❷ 이미 want가 있으므로, 한다 eat를 한 번 더 써주기 위해 앞에 to를 붙인다. to에 붙는 한다는 원래의 형태=동사원형만 쓸 수 있다. I want to am happy. X   I want to be happy. O
I want to eat rice. 나는 원한다/ 먹는 것을 밥을

❸-1 to+한다가 무엇을의 자리에 있으므로 ~먹는 것을을 의미한다.
I want to eat rice. 나는 원한다/ 먹는 것을 밥을

❸-2 무엇을 자리에 사람이 나오고 to+한다가 나오면 그 사람이 ~하는 것을 의미한다.
I want you to eat rice. 나는 원한다/ 네가 먹는 것을 밥을.

354 나는 사과들을 먹기를 원한다.   I want to eat apples.

<u>누가</u> <u>한다</u> <u>무엇을1</u> <u>무엇을1</u> <u>무엇을2</u>

355 그는 그 책을 읽기를 원한다.   He wants to read the book.

<u>누가</u> <u>한다</u> <u>무엇을1</u> <u>무엇을1</u> <u>무엇을2</u> <u>무엇을2</u>

356 나는 영어를 알기를 원한다.   I want to know English.

<u>누가</u> <u>한다</u> <u>무엇을1</u> <u>무엇을1</u> <u>무엇을2</u>

357 그들은 물을 마시기를 원한다.   They want to drink water.

<u>누가</u> <u>한다</u> <u>무엇을1</u> <u>무엇을1</u> <u>무엇을2</u>

358 Mike는 한 책을 쓰기를 원한다.   Mike wants to write a book.

<u>누가</u> <u>한다</u> <u>무엇을1</u> <u>무엇을1</u> <u>무엇을2</u> <u>무엇을2</u>

359 그녀는 음악을 즐기기를 원한다.   She wants to enjoy music.

360 우리는 행복하기를 원한다.   We want to be happy.

실전 생활영어

need [ni:d] 필요하다 **pee** [pi:] 오줌싸다
reschedule [rì:skédʒu:l] 다시 계획하다 **recharge** [ri:tʃá:rdʒ] 재충전하다
battery [bǽtəri] 전지 **zip** [zip] 지퍼를 잠그다 **pants** [pænts] 바지
want [wɔ:nt] 원하다 **lawyer** [lɔ́:jər] 변호사

361

버스 안에서 아이가 이 말을 하면 당황스러워지는
나는 오줌싸는 것이 필요하다.
누가 한다 무엇을1 무엇을1

362 2011 국가직 9급

열심히 계획을 짰지만 사장님의 한마디에
나는 그것을 다시 계획하는 것이 필요하다.
누가 한다 무엇을1 무엇을1 무엇을2

문법 re는 다시(again)를 의미한다.

363

휴대폰을 두시간 동안 쉬지 않고 쓰면 배터리가 바닥
나는 내 배터리를 재충전하는 것이 필요하다.
누가 한다 무엇을1 무엇을1
무엇을2 무엇을2

364

남대문이 열려있으면
너는 너의 바지를 잠가 올리는 것이 필요하다.
누가 한다 무엇을1 무엇을1 up
무엇을2 무엇을2

365 2015 2차 경찰

사법고시 폐지 찬성이십니까 반대이십니까?
나는 한 변호사가 되기를 원한다.
누가 한다 무엇을1 무엇을1
무엇을2 무엇을2

정답

361 I need to pee.
362 I need to reschedule it.
363 I need to recharge my battery.
364 You need to zip up your pants.
365 I want to be a lawyer.

lose [luːz] 잃다, 지다 **weight** [weit] 무게 fill [fil] 채우다 **form** [fɔːrm] 서식, 형태
tighten [táitn] 조이다 belt [belt] 벨트 **try** [trai] 시도하다 lecture [lékt∫ər] 강의(하다)
told [tould] 말했다(tell의 과거) **grab** [græb] 잡다 **bite** [bait] 물다, 물기

366

여자친구한테 이 말 하면 바로 절교
너는 (몸)무게를 잃는(줄이는) 것이 필요하다.
누가   한다   무엇을1 무엇을1 무엇을2

367
2015
3차
경찰
변형

대출 한 번 하려면 서류가 한권
나는 당신이 이 서식을 채우는 것이 필요하다.
누가   한다   you   무엇을1 무엇을1
무엇을2 무엇을2

368

배가 고파도 먹는 것을 줄여야 한다면
우리는 우리의 벨트들을 조이는 것이 필요하다.

문법 -en은 동사(한다)를 만든다.

369

어디서 훈장질이야?
나에게 설교하는 것을 시도하지 마라.

370
2014
지방직
7급

혼자 먹기는 미안한데 (과거)
나는 그에게 한 입 잡는(먹는) 것을 말했다.
              him

366 You need to lose weight.
367 I want you to fill this form.
368 We need to tighten our belts.
369 Don't try to lecture me.
370 I told him to grab a bite.

한다+ing가 무엇을일 때

44

관련단원 영화영작 기본패턴 19단원

I stop eating rice.

누가	한다	무엇을1	무엇을2
내가	멈춘다	먹는 것을	밥을

* **무엇을** 대신에 한다+ing를 쓸 수 있다.

* 패턴설명

한다+ing(=Ving)는 위치에 따라 ~하는 중인을 의미하기도 하고 p.116, ~하는 것을 의미하기도 한다 p.138. **무엇을**에는 명사만 쓰므로 ~하는 것을만 의미한다. Ving만 **무엇을**로 쓰는 동사: admit, appreciate, avoid, consider, deny, discontinue, dislike, enjoy, finish, give up, include, imagine, keep, mind, miss, postpone, practice, quit, recommend, stand, stop, suggest, understand…

* toV와 Ving

toV는 미래에 관련된 일과 일시적인 일에 많이 쓰인다. Ving는 과거에 관련된 일과 지속적인 일에 주로 쓰인다.

I forget eating. O
과거에 먹은 것을 잊은 것

I forget to eat. O
미래에 먹을 것을 잊은 것

❶ **누가-한다-무엇을**에서
I stop rice. 내가 멈춘다/ 밥을.

❷ **한다**의 의미에 따라 **무엇을**에 Ving를 쓸 수 있다. 이 경우 Ving는 V하는 것을로 해석한다.
I stop eating. 내가 멈춘다/ 먹는 것을.

❸ eating은 **한다**eat에서 왔기 때문에 뒤에 **무엇을**rice이 또 하나 붙는다.
I stop eating rice. 내가 멈춘다/ 먹는 것을 밥을.

371 나는 밥을 먹는 것을 좋아한다.   I like eating rice.
   누가   한다   무엇을1 무엇을2

372 그녀는 물 마시는 것을 즐긴다.   She enjoys drinking water.
   누가   한다   무엇을1 무엇을2

373 한 남자는 한 편지 쓰는 것을 유지한다.   A man keeps writing a letter.
   누가   누가   한다
   무엇을1 무엇을2 무엇을2

374 그들은 영어 공부하는 것을 그만둔다.   They quit studying English.
   누가   한다   무엇을1 무엇을2

375 우리는 개들을 먹는 것을 꺼린다.   We mind eating dogs.
   누가   한다   무엇을1 무엇을2

376 Mike는 음악 만드는 것을 즐긴다.   Mike enjoys making music.

377 엄마는 한 책을 읽는 것을 멈춘다.   Mom stops reading a book.

실전 생활영어

45

stop [stap] 멈추다 whining [wainiŋ] 투덜대는 것
bugging [bʌgiŋ] 괴롭히는 것 keep [ki:p] 유지하다
working [wə́:rkiŋ] 일하는 것 mistake [mistéik] 실수
feeling [fí:liŋ] 느끼는 것

378
투덜이 스머프에게는 이게 약
징징대는 것을 멈춰라.
　한다　　무엇을

379
벌레처럼 계속 괴롭히면
나를 괴롭히는 것을 멈춰라.
　한다　　무엇을1　무엇을2

380
근무 시간에 30분 넘게 잡담하는 직원들에게
우리가 일하는 것을 유지하자.
　한다+무엇이　어떻게　무엇을2

381
내가 왜 이러지?
나는 실수들을 만드는 것을 유지한다.
　누가　　한다　　무엇을1　무엇을2

382
포경 수술로 아파하는 친구에게
내가 그 느낌 알지.
　누가　　한다　　무엇을　무엇을

정답

378 Stop whining.
379 Stop bugging me.
380 Let's keep working.
381 I keep making mistakes.
382 I know the feeling.

quit [kwit] 그만두다 smoking [smóukiŋ] 담배피우는 것 avoid [əvɔ́id] 피하다
watching [wátʃiŋ] 보는 것 job [dʒab] 직업 opening [óupəniŋ] 여는 것
water [wɔ́ːtər] 물 leaking [liːkiŋ] 새는 것
recommend [rèkəménd] 추천하다 buy [bai] 사다 book [buk] 책

383

연초에 꼭 하지만 지키지 못하는 말
나는 담배피우는 것을 끊는다.
누가   한다   무엇을

384

TV는 바보상자?
그는 TV 보는 것을 피한다.
누가   한다 무엇을1 무엇을2

385

6개월간 그 회사 사이트에 들어간 결과 공지사항에
한 직업의 열림(구인광고)이 있다.
어떤+상태모습

386

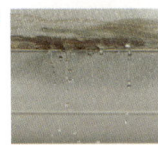

옛날엔 많았는데 요새는 드문 이런집
물이 새는 것이 있다.

387

영어가 두렵고 어려운 분들에게는 생활영어 회화천사를 강력 추천!
나는 한 책을 사는 것을 추천한다.

---

383 I quit smoking.
384 He avoids watching TV.
385 There's a job opening.
386 There's water leaking
387 I recommend buying a book.

to+한다가 누가나 무엇을이 아닐 때

46
관련단원 영화영작 응용패턴 7단원

I want money to eat rice.

누가	한다	무엇을	~하기 위해	무엇을2
내가	원한다	돈을	먹기 위해	밥을

✱ to+한다가 누가나 무엇을의 위치가 아닌 경우에는 ~하기 위해를 의미한다.

✱ 패턴설명
　누가-한다-무엇을이나 누가-상태·모습-어떤의 문장 요소가 다 갖춰진 이후의 toV는 주로 ~하기 위해를 의미한다.

✱ 전치사to와 to부정사
　to 뒤에 동사가 올 경우만 to부정사고 명사가 온다면 전치사to이다(생활영어 회화천사: 전치사/접속사 참고).
　I go to school. 전치사
　I go to eat rice. 부정사

❶ 누가-한다-무엇을에서
　I want money. 나는 원한다/ 돈을.

❷ 이미 want가 있으므로, 한다eat를 한 번 더 써주기 위해 앞에 to를 붙인다.
　I want money to eat rice.
　나는 원한다/ 돈을/ 먹기 위해 밥을

❸ to+한다가 누가나 무엇을 자리가 아니므로 ~먹기 위해를 의미한다. I want you to eat rice와 비교하면 you는 먹는 행동eat을 할 수 있지만 money는 할 수 없다.
　I want money to eat rice.
　나는 원한다/ 돈을/ 먹기 위해 밥을

388 그들은 행복하기 위해 밥을 먹는다.

　누가　　한다　　무엇을1
　　　　　　　　　무엇을2

They eat rice to be happy.

389 그녀는 한 고양이를 가지기 위해 돈을 원한다.

　누가　　한다　　무엇을1
　　　　　　　　무엇을2 무엇을2

She wants money to have a cat.

390 그들은 축구를 하기 위해 한 공을 원한다.

　누가　　한다　　무엇을1 무엇을1
　　　　　　　　　무엇을2

They want a ball to play soccer.

391 그는 그녀를 만나기 위해 돈을 사용한다.

　누가　　한다　　무엇을1
　　　　　　　　　무엇을2

He uses money to meet(/see) her.

392 너는 뚱뚱해지기 위해 밥을 먹는다.

　누가　　한다　　무엇을1
　　　　　　　　　어떤

You eat rice to be fat.

393 우리는 영어를 공부하기 위해 시간을 사용한다.

We use time to study English.

394 Mike는 물을 마시기 위해 한 컵을 원한다.

Mike wants a cup to drink water.

실전 생활영어

47

take [teik] 가져가다 minute [mínit] 분 go [gou] 가다
people [pi:pl] 사람들 tango [tǽŋgou] 탱고(를 추다)
hesitate [hézətèit] 주저하다 ask [æsk] 묻다 let [let] 허락하다
hungry [hʌŋgri] 배고픈 learn [lə:rn] 배우다
have [hæv] 가지다 something [sʌmθiŋ] 어떤 것 discuss [diskʌs] 의논하다

395
비행기가 얼마나 비행하냐고 묻자
그것은 가기 위해 30분을 가져간다.
누가   한다   무엇을 무엇을 to ____

396
손뼉도 맞아야 소리가 나듯
그것은 탱고를 추기 위해 두 사람을 가져간다.
누가   한다   무엇을   무엇을 to ____

397
광고 끝에, 우리 물건이 의심스럽다면?
묻기 위해 주저하지 마세요.
한다   한다

문법 hestate는 자동사로 쓰므로(p.86), 묻는'것'을 이 아니라 묻기 '위해'이다.

398
잡스 형도 강조하던 배고픔 (stay hungry, stay foolish)
배우기 위해 우리를 배고프게 (허락)하자.
한다+무엇이 어떻게   어떤 to ____

399
팀장님 시간 좀 내주세요.
나는 의논하기 위해 어떤 것을 가진다.
누가   한다   무엇을

문법 논의하기 위'한' 어떤 것으로 보면 형용사적 용법이지만 무슨 용법인지는 중요하지 않다.

정답

395 It takes 30(thirty) minutes to go.
396 It takes two people to tango.
397 Don't hesitate to ask.
398 Let's be hungry to learn.
399 I have something to discuss.

need [ni:d] 필요하다 **time** [taim] 시간 **alone** [əlóun] 혼자인
money [mʌni] 돈 **buy** [bai] 사다 **car** [ka:r] 자동차
ready [rédi] 준비된 **start** [sta:rt] 출발하다 **set** [set] (특정한 위치에) 놓다
vibrate [váibreit] 진동하다 **get up** [get ʌp] 일어나다

400

혼자서 멍 때리는 시간이 일의 효율을 높인다?
나는 혼자이기 위해 시간이 필요하다.
누가   한다   무엇을

401

나는 돈 빼면 시체. 그까짓 페라리!
나는 그 차를 사기 위해 돈을 가진다.
누가   한다   무엇을

402
2015
국가직
9급

준비 됐나요?
나는 출발하기 위해 준비가 됐다.

403

영화 시작 전 매너를 지키려면
그것은 진동하기 위해 설정됐다.

404

늦어도 아침 7시
그것은 일어나기 위한 시간이다.
_____ up.

400 I need time to be alone.
401 I have money to buy the car.
402 I'm ready to start.
403 It's set to vibrate.
404 It's time to get up.

누가-상태·모습-어떤 뒤의 to+한다

48

관련단원 영화영작 완성패턴 12단원

I'm happy to eat rice.

누가+상태모습　　　　어떤　　　　　　~하기위해　　　　　무엇을
내가 상태모습이다　행복한　　　　먹기위해　　　　　밥을

✽ to+한다가 '~해서'를 의미하기도 한다.

✽ **패턴설명**
　누가-상태·모습-어떤 뒤에 to+한다를 쓰면, 주로 '~해서'를 의미한다.

❶ **누가-상태·모습-어떤에서**
　I'm happy. 나는 상태모습이다/ 행복한.

❷ **뒤에 to+한다를 쓰면, 한다를 해서를 의미한다.**
　I'm happy to eat. 나는 상태모습이다/ 행복한 먹어서.

❸ **eat이 한다(동사)이므로 뒤에 무엇을이 다시 나온다.**
　I'm happy to eat rice.
　나는 상태모습이다/ 행복한 밥을 먹어서.

405 나는 영어를 공부해서 행복하다. I'm happy to study English.
누가+상태모습   어떤

406 나는 너를 만나서 행복하다. I'm happy to meet(see) you.
누가+상태모습   어떤

407 그녀는 밥을 먹어서 행복하다. She's happy to eat rice.
누가+상태모습   어떤

408 그는 그 책을 읽어서 피곤하다. He's tired to read the book.
누가+상태모습   어떤

409 우리는 음악을 즐겨서 행복하다. We're happy to enjoy music.
누가+상태모습   어떤

410 그들은 물을 마셔서 건강하다. They're healthy to drink water.

411 나는 저것을 듣게 돼서 행복하다. I'm happy to hear that.

실전 생활영어

49

sorry [sɔ́:ri] 미안한　hear [hiər] 듣다　alive [əláiv] 살아있는　lucky [lʌ́ki] 운
here [hiər] 여기　try [trai] 시도하다　do [du] 한다　best [best] 최고의
hard [ha:rd] 어려운　swallow [swálou] 삼키다

412
2011
국가직
7급

친구의 아버지가 돌아가셨다고 할 때
저것을 들어서 **정말** 유감입니다.
누가+상태모습　so　 어떤
　　　　　　　　　　　무엇을

413
2015
서울시
9급

안전벨트 덕분에
나는 살아있으므로 운이 좋다.
누가+상태모습　어떤
　　　　　　　　어떤

414

우리 회사에는 왜 오셨습니까?
저는 Mike를 보러 여기 있습니다.
누가+상태모습

문법 '어떤'에 부사(here)도 들어갈 수 있다.

415

평소 어떻게 일하나요?
저는 저의 최선을 다하는 것을 시도합니다.
누가　한다

416

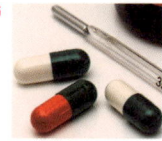

입으로 말고 내 머리로 삼키기(받아들이거나 믿기) 어렵다는 것
저것은 삼키기 어렵네요.
누가+상태모습　어떤

정답

412 I'm so sorry to hear that.
413 I'm lucky to be alive.
414 I'm here to see Mike.
415 I try to do my best.
416 That's hard to swallow.

그동안 배웠던 to+한다가 섞여서 나와요.

want [wɔːnt] 원하다　**Korean** [kəríːən] 한국의, 한국인　**food** [fuːd] 음식
interrupt [íntərʌpt] 방해하다　**remember** [rimémbər] 기억하다　**book** [buk] 책, 예약하다
flight [flait] 비행기　**keep** [kiːp] 유지하다　**waiting** [wéitiŋ] 기다리는 중인
tell [tel] 들려주다　**call** [kɔːl] 전화하다, 부르다

417 미국에서 3달 있었더니
나는 한국 음식 먹기를 원합니다.
누가　한다　무엇을1　무엇을1
무엇을2　무엇을2

418 대화에 끼어들 타이밍이 아니지만 끼어들어야 할 때
나는 방해해서 미안합니다.
누가+상태모습　어떤

419 오늘 예약 안 하면 표가 없을지도 몰라요
제 비행기 예약하는 걸 기억하세요.

420 시간약속 잘 안 지키는 사람에게 꼭 필요한 표현
나는 당신이 기다리는 것을 유지해서 미안하다.

421  우리가 갑인데 직접 전화하긴 그렇고
그한테 나에게 **회신** 전화하라고 말해.
　　　　　　　　　　　　　　　back.

417 I want to eat Korean food.
418 I'm sorry to interrupt.
419 Remember to book my flight.
420 I'm sorry to keep you waiting.
421 Tell him to call me back.

✴한다의 상태모습은 두가지

누가-변화한다-어떻게

I - get - happy.

변화하는 과정이 보여질 때

※ 호격의 성모매습음 구지※

누가 - 느낌이 난다 - 어떻게

It - feels - good.

감각이 느껴질 때

무료강의, MP3
goo.gl/dANWXb
대소문자 주의

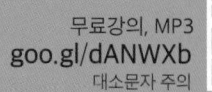

변화 과정이 보이는 한다

50
관련단원 미드천사 기초회화패턴 4단원, 영화영작 응용패턴 2단원

I get happy.

누가 　상태모습 　　　어떤
내가 　생긴다 　　　행복하게

※ **무엇을** 자리에 **무엇을**이 아니라 **어떤**이 올 수 있는 동사도 있다. 이 경우 원래의 동사 뜻은 약해지고 마치 **상태·모습**(비동사)처럼 쓴다.

※ 패턴설명

몇몇 상태에 관련된 동사는 비동사를 대신해서 **누가-상태·모습-어떤** 구조 (2형식)로 쓸 수 있다. 그런 동사로 become, stay, remain, appear, get, go, grow, turn 등이 있다. 이 경우 변화의 과정이 좀 더 구체적으로 느껴진다.
I grow strong.
나는 강하게 자란다.
I go sad.
나는 슬프게 돼버렸다.

❶ 누가-한다-무엇을의 한다에서,
I get rice. 나는 밥이 생긴다.

❷ 몇몇 **한다**(동사)는 **무엇을** 대신에 **어떤**을 쓸 수 있다.
I get happy. 나는 행복하게 되어진다.
I turn happy. 나는 행복하게 변한다.
I remain happy. 나는 행복하게 남겨진다.
I become happy. 나는 행복하게 된다.
I become a doctor. 나는 한 의사가 된다.

422 나는 행복하게 된다. become — I become happy.
　　누가　상태모습　어떤

423 나는 배고프게 머문다. stay — I stay hungry.
　　누가　상태모습　어떤

424 그들은 뚱뚱하게 자란다. grow — They grow fat.
　　누가　상태모습　어떤

425 우리는 피곤하게 되어진다. get — We get tired.
　　누가　상태모습　어떤

426 그것은 붉게 변한다. turn — It turns red.
　　누가　상태모습　어떤

427 그녀는 눈멀게 되어버린다. go — She goes blind.

428 Mike는 똑똑하게 나타난다. appear — Mike appears smart.

실전 생활영어

51

get [get] 생기다   dressed [drest] 옷 입혀진
got [gɑt] 생겼다(get의 과거)   tired [taiərd] 피곤해진   hit [hit] 치다
let [let] 허락하다   started [stɑ:rtid] 시작했다, 시작된(start의 과거, 과거분사)
worm [wəːrm] 벌레   eaten [íːtn] 먹혀진(eat의 과거분사)

429

아침마다 옷 입기 싫다는 아이에게 (get)

옷 입혀져라.

상태모습   어떤

문법 2형식 동사는 수동태처럼 쓸 수 있다.

430   2015 국가직 7급

원래는 피곤하지 않았는데 변해서 (과거)

나는 피곤해졌다.

누가   상태모습   어떤

431   2010 2차 경찰

괜찮게 걷다가 달리는 차에 받혀서 (변해서)

그녀는 맞아(받아)졌다.

누가   상태모습   어떤

432   2012 지방직 7급

72시간을 미루면 실행할 확률이 1%로 줄어든다는데

우리가 지금 시작되게 (허락)하자.

한다+무엇이   어떻게   _____ now.

433

일찍 일어난 새가 벌레를 잡는다면 그 일찍 일어난 벌레는?

그 벌레는 일찍 먹혀진다

누가   누가   상태모습   어떤   early.

정답

429 Get dressed.
430 I got tired.
431 She got hit.
432 Let's get started now.
433 The worm gets eaten early.

get [get] 생기다 dark [daːrk] 어두움 things [θɪŋz] 상황, ~것들 worse [wəːrs] 더 나쁜
turn [təːrn] 변하다, 돌다 sour [sauər] 신맛의 went [went] 갔다(go의 과거)
viral [váiərəl] 바이러스 성의 cell phone [sel foun] 휴대폰 dead [ded] 죽은

434

밤길 조심하세요. 특히 여성분 혼자라면
그것은 어두워지는 중이다.
누가+상태모습   어떤   어떤

435 2005 3차 경찰

오늘은 머피의 법칙인가?
그것들(상황)은 더 나빠지는 중이다.
누가   상태모습   어떤   어떤

문법 things가 물건들이 아니라 상황을 의미하기도 한다.

436

포도주를 20년 묵히면 발사믹이지만 상황이 나빠지면? (과거)
그것은 시어지게 변했다.

437

생활영어 회화천사가 잘 되게 도와주세요. (과거)
그것은 입소문 되게 갔다.

438

휴대폰의 목숨은 배터리 (과거)
나의 휴대폰은 죽게 갔다.

---

434 It's getting dark.
435 Things are getting worse.
436 It turned sour.
437 It went viral.
438 My cell phone went dead.

감각이 느껴지는 한다

52

관련단원 미드천사 기초회화패턴 4단원, 영화영작 응용패턴 2단원

It feels good.

누가   상태모습   어떤
그것이   느껴진다   좋게

✱ **한다**에 느낌에 관련된 **한다(동사)**를 쓰면, **누가**가 사람일 때는 그 느낌을 하기도 하고 그 느낌을 내기도 하지만, **누가**가 사물이면 그 사물이 그 느낌을 내는 것이다.

✱ 패턴설명

몇몇 느낌에 관련된 동사는 비동사를 대신해서 **누가·상태·모습·어떤** 구조(2형식)로 주로 쓴다. 모든 느낌 동사를 그렇게 쓸 수 있는 것은 아니고, taste맛이나다, look보이다, smell냄새나다, feel느껴지다, sound들린다, seem생각된다만 이 구조로 쓸 수 있다.

It looks good. O
It sees good. X
It sounds good. O
It hears good. X
It feels good. O

✱ like

like는 **한다**로 쓰면 '좋아한다'지만, **전치사**로 쓰면 '~처럼'을 의미한다. <전치사/접속사>에서 자세하게 다룬다.

It looks like a cat.
그것은 고양이처럼 보인다.

❶ **누가-한다-무엇을**에서, **한다**에 느낌 관련 동사를 쓰면,
It feels. 그것은 느낌이 난다.
I feel. 나는 느낀다.

❷ **무엇을** 대신에 **어떤**형용사을 주로 쓴다.
It feels good. 그것은 느낌이 난다/ 좋게.
I feel good. 나는 느낀다/ 좋게.

439 나는 행복하게 느낀다.   I feel happy.
　　누가　상태모습　어떤

440 저것은 좋게 들린다.   That sounds good.
　　누가　상태모습　어떤

441 그 밥은 맛있는 맛이 난다.   The rice tastes delicious.
　　누가　누가　상태모습　어떤

442 그것은 좋게 생각된다.   It seems good.
　　누가　상태모습　어떤

443 그 사과는 나쁘게 냄새난다.   The apple smells bad.
　　누가　누가　상태모습　어떤

444 너는 좋아 보인다.   You look good.

445 그 책은 쉬워 보인다.   The book looks easy.

실전 생활영어

53

feel [fi:l] 느끼다 blue [blu:] 푸른, 우울한 look [luk] 보다
exhausted [igzɔ́:stid] 탈진된 down [daun] 아래로, 우울한
sound [saund] 들리다, 소리 terrible [térəbl] 끔찍한
everything [evriθiŋ] 모든 것 delicious [dilíʃəs] 맛있는

446

푸른색은 우울함의 상징
나는 푸르게 느낀다.
누가 상태모습 어떤

447 2013 지방직 7급

집에 오자마자 바닥에 쓰러진 아들에게
너는 탈진되어 보인다.
누가 상태모습 어떤

448 2011 서울시 9급

기분이 아래로 처지듯 우울해 보이면
너는 내려가게 보인다.
누가 상태모습 어떤

449 2015 서울시 9급, 2012 국가직 7급 변형

말도 안 되는 소리에 이렇게 얘기하고 싶지만 말할 용기가 없어
저것은 끔찍하게 들린다.
누가 상태모습 어떤

450

상다리 부러지게 차려진 것을 보니 뭘 먹어야 할지!
모든 것은 아주 맛있어 보인다.
누가 상태모습 so 어떤

정답
446 I feel blue.
447 You look exhausted.
448 You look down.
449 That sounds terrible.
450 Everything looks so delicious.

song [sɔ́:ŋ] 노래 familiar [fəmíljər] 친숙한 smell [smel] 냄새
moldy [móuldi] 곰팡이가 핀, 곰팡내가 나는
free [fri:] 자유로운 contact [kántækt] 연락하다
embarrassed [imbǽrəst] 당황스러운 shy [ʃai] 수줍은

451
외국 노래 베낀 거 아냐?
저 노래는 친숙하게 들린다.
<u>　누가　</u> <u>　누가　</u> <u>　상태모습　</u> <u>　어떤　</u>

452
리모델링했는데 곰팡이 위에 벽지를 덧발랐는지
그것은 곰팡이 냄새가 난다.
<u>　누가　</u> <u>　상태모습　</u> <u>　어떤　</u>

453
낯선 사람을 보면 엄마 뒤로 숨는 아이
그녀는 수줍게 생각된다.

454
궁금한 것이 있으면 언제든 miklish.com을 방문해주세요
나에게 연락하기 위해 자유롭게 느껴라.

455
수영장에서 실수로 수영복을 안 입고 나갔더니 (과거)
나는 당황스럽게 느꼈다.

451 That song sounds familiar.
452 It smells moldy.
453 She seems shy.
454 Feel free to contact me.
455 I felt embarrassed.

*아니라는 문장은 두가지

누가-상태·모습+not-어떤

I - am not - happy.

상태·모습에 대해 말할 때

*여러분은 문장을 구지지

누가-don't+한다-무엇을

I - don't eat - rice.

행동에 대해 말할 때

무료강의, MP3
goo.gl/hM45yJ
대소문자 주의

54 상태·모습 뒤의 not은 **아니**라는 문장

관련단원 미드천사 왕초보패턴 7단원, 영화영작 기본패턴 4단원

I am not happy.

누가   상태·모습   어떤
내가   상태·모습이 아니다   행복한

✽ not은 주로 **상태·모습** 바로 뒤에만 넣는다.

✽ **패턴설명**
한글은 문장의 끝부분에 **아니다**를 표시하지만, 영어는 비동사나 조동사 바로 뒤에 **아니다**를 표시한다.

✽ **줄여 쓰기**
is not = isn't
are not = aren't
am not은 불가능.

❶ **누가-상태·모습-어떤**에서
I am happy. 나는 상태모습이다/ 행복한.
I was happy. 나는 상태모습이었다/ 행복한.

❷ **상태·모습** 다음에 **not**이 붙는다.
I am not happy. 나는 상태모습이 아니다/ 행복한.
I was not happy. 나는 상태모습이 아니었다/ 행복한.

되도록 줄여 쓴 상태로 연습하는 게 좋아요. 예를 들면 She's나 She isn't로요.

456 나는 행복하지 않다. I'm not happy.
누가+상태모습 상태모습 어떤

457 너는 행복하지 않다. You're not happy.
누가+상태모습 상태모습 어떤

458 우리는 행복하지 않다. We're not happy.
누가+상태모습 상태모습 어떤

459 그것들은 맛있지 않다. They're not delicious.
누가+상태모습 상태모습 어떤

460 그는 배고프지 않다. He's not hungry.
누가+상태모습 상태모습 어떤

461 그녀는 피곤하지 않다. She's not tired.
누가+상태모습 상태모습 어떤

462 Mike는 뚱뚱하지 않다. Mike isn't fat.
누가 상태모습 어떤

실전 생활영어

55

not [nat] 아니다 **drunk** [drʌŋk] 술 취한, 마셔진
kidding [kídiŋ] 장난치는 중인 **something** [sʌmθiŋ] 어떤 것
right [rait] 옳은 **pet** [pet] 애완동물 **permitted** [pərmítid] 허락된
experienced [ikspíəriənst] 경험이 풍부한

463

drunk 대신 drunken 쓰면 술 취한 것
나는 술취하지 않았다.
누가+상태모습 not 어떤
문법 drunken은 명사 앞에서만 쓰는 형용사.

464

이런 상황에 그런 말이 나와? 내가 우습게 보여?
나는 장난치는 중이 아니다.
누가+상태모습 상태모습 어떤

465

느낌이 이상해
뭔가 옳지 않다.
누가+상태모습 상태모습 어떤

466

공원에서 싼 똥도 치우지 않을 생각이라면
애완동물들은 허락되지 않습니다.
누가 상태모습 어떤

467
2014
지방직
9급
그 사람을 뽑으면 안 될 것 같습니다. (과거)
그는 경험(이 풍부하게)되어지지 않았었다.
누가 상태모습 어떤

정답

463 I'm not drunk.
464 I'm not kidding.
465 Something's not right.
466 Pets aren't permitted.
467 He wasn't experienced.

myself [maisélf] 나 자신을   available [əvéiləbl] 이용 가능한
fair [fɛər] 공정한   English [íŋgliʃ] 영어   good [gud] 좋은
child [tʃaild] 아이

468
왜 자꾸 이상한 실수를 하지?
오늘 난 내가 아니다.
누가+상태모습 상태모습 어떤 today.

469
2014
2차
경찰

전화를 받을 수 없는 상황
그는 지금 당장은 (통화가) 가능하지 않습니다.
누가+상태모습 상태모습
 어떤 right now.

470
누구는 금수저 누구는 흙수저
그것은 공평하지 않다.

471
나 말고 다른 사람한테 영어로 물어보면 안 될까?
나의 영어는 아주 좋지는 않다.
                          very

472
나이가 몇인데 인형을 모으니?
너는 한 아이가 아니다.

---

468 I'm not myself today.
469 He's not available right now.
470 It's not fair.
471 My English isn't very good.
472 You're not a child.

56 한다 앞의 don't는 아니라는 문장

관련단원 미드천사 왕초보패턴 3단원, 영화영작 기본패턴 2단원

I don't eat rice.

누가	한다	무엇을
그가	먹지 않는다	밥을

✱ **don't**=do+not은 부정문**아니다**라는 문장을 만든다.

✱ 패턴설명
동사(eat)에 이미 do(한다)의 의미가 있으므로 평소에는 안 쓴다. 물어보거나 (<6시간에 끝내는 생활영어 회화천사: 전치사/접속사> 참고) 아니라고 말할 때만 쓴다. **don't+한다**를 하나의 **한다**로 봐야한다.

✱ 줄여 쓰기
do not = don't
does not = doesn't
did not = didn't

❶ **누가-한다-무엇을**에서
   I eat rice. 나는 먹는다/ 밥을.

❷ **누가**와 **한다** 사이에는 do가 숨어 있다.
   I (do) eat rice. 나는 (한다) 먹는다/ 밥을.
   He (does) eat rice. 그는 (한다) 먹는다/ 밥을.

❸-1 do를 꺼내서 바로 뒤에 not을 붙인다.
   I do not eat rice. 나는 먹지 않는다/ 밥을.
   He does not eat rice. 그는 먹지 않는다/ 밥을.

❸-2 과거는 did를 꺼내서 not을 붙인다.
   I did not eat rice. 나는 먹지 않았다/ 밥을.
   He did not eat rice. 그는 먹지 않았다/ 밥을.

473 나는 밥을 먹지 않는다.   I don't eat rice.

누가   한다   한다   무엇을

474 너는 물을 마시지 않는다.   You don't drink water.

누가   한다   한다   무엇을

475 우리는 그 편지를 좋아하지 않는다.   We don't like the letter.

누가   한다   한다   무엇을   무엇을

476 그들은 영어를 공부하지 않는다.   They don't study English.

누가   한다   한다   무엇을

477 그는 그 학교를 좋아하지 않는다.   He doesn't like the school.

누가   한다   한다   무엇을   무엇을

478 그녀는 밥을 먹지 않는다.   She doesn't eat rice.

_____ _____ _____

479 Mike는 그 남자를 알지 않았다. (과거)   Mike didn't know the man.

_____ _____ _____ _____

실전 생활영어

57

don't [dount] ~하지 않다 care [kɛər] 신경쓰다 think [θiŋk] 생각하다
buy [bai] 사다 sleep [sli:p] 자다 wink [wiŋk] 윙크하다
do [du] 한다 anything [éniθiŋ] 어떤 것

480
2014
사회복
지직
9급

까짓 못 받은 100만원. 나는 쿨한 남자
나는 신경쓰지 않는다.
<u>누가</u>   <u>한다</u>   <u>한다</u>

481
2014
1차
경찰

모두가 Yes라고 할 때 나홀로 감히
나는 그렇게 생각하지 않는다.
<u>누가</u>   <u>한다</u>   <u>한다</u> so.

482
2014
지방직
7급

믿음이 가야 사든 말든 하지
나는 그것을 사지(믿지) 않는다.
<u>누가</u>   <u>한다</u>   <u>한다</u>   <u>무엇을</u>

483
2013
지방직
7급

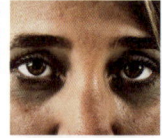

이 비가 그치고 나면 난 너를 찾아 떠나갈꺼야! (김건모) (과거)
나는 어젯밤 한 깜박임만큼도 자지 않았다.
<u>누가</u>   <u>한다</u>   <u>한다</u>   <u>무엇을</u>   <u>무엇을</u>
last night.

484

운 나쁘게 범죄 현장에 있었다가 끌려갈 분위기 (과거)
나는 어떤 것도 하지 않았다.
<u>누가</u>   <u>한다</u>   <u>한다</u>   <u>무엇을</u>

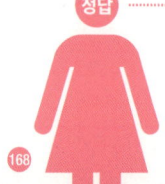

정답

480 I don't care.
481 I don't think so.
482 I don't buy it.
483 I didn't sleep a wink last night.
484 I didn't do anything.

수고 많으셨습니다.

get [get] 생기다 **look** [luk] 보다, 보이다 **good** [gud] 좋은
feel [fiːl] 느끼다 **well** [wel] 좋게, 잘 **size** [saiz] 크기 **matter** [mǽtər] 문제 되다
didn't [dídnt] ~하지 않았다(don't의 과거) **money** [mʌ́ni] 돈

485
내 머릿속에 생기지 않았다는 것은 이해하지 못한다는 뜻
나는 그것이 생기지 않는다.
누가   한다   한다   무엇을

486 2011 국가직 7급
남의 패션 가지고 뭐라고 하는 친구에게 '사돈남말하고 있네'
너도 좋아보이지 않는다.
누가   상태모습 상태모습   어떤   either.

487 2011 국가직 7급

지금 터지기 직전이니 조심해
나는 오늘 아주 좋게 느끼지 않는다.
누가   상태모습 상태모습 very   어떤   today.

문법 well은 주로 부사로 쓰지만 형용사로도 쓸 수 있다.

488
목마른데 슈퍼에서 1.5L병 밖에 없다고 할 때
크기는 문제되지 않는다.
누가   한다   한다

489

그녀와 사귀지 못한 이유를 묻는 친구에게 (과거)
너는 충분한 돈을 가지지 않았다.
누가   한다   한다   enough   무엇을

---

485 I don't get it.
486 You don't look good either.
487 I don't feel very well today.
488 Size doesn't matter.
489 You didn't have enough money.

수고 많으셨습니다. 490번부터 1004번 문장은
6시간에 끝내는 생활영어 회화천사: 전치사/접속사
에서 다룹니다. 대답만 하는 수동적인 영어가 아니라
직접 질문(의문문)하고 길게 말할 수 있는 표현(전치사,
접속사)들을 배웁니다. 고맙습니다! - Mike Hwang

공무원 생활영어 기출문제 33

부록1

공무원 영어 시험 20문제에서 생활영어는 2문제~5문제가 출제되며 평균적으로 3문제 정도 출제된다.

한국에 거주하는 외국인들이 늘고 있고 (2017년 약 175만 명) 앞으로 더 늘 것으로 추정한다. 실제 업무에서도 외국인을 만나는 기회가 더 많아지므로, 시간이 흐를수록 시험을 위한 영어보다 실제 사용하는 영어(말하기 듣기)가 중요해진다. 그래서 앞으로 생활영어 비중이 더 높아질 것이다.

이 책의 본문에 수록된 문장 중심으로 최신 기출문제를 선별했다.

동사의 종류별 불규칙 변형

부록2

영어 공부하다가 좌절하는 순간 중 하나는 '동사의 불규칙 변형'이다. 외워야 할 것이 100개가 넘는 데다가, 외우지 못하면 나올 때마다 답답함을 느끼기 때문이다.

더욱 쉽게 외울 수 있도록 변형의 규칙성에 따라 정리했다. 한꺼번에 전부 외우려고 하지 말자. 먼저 한 번에 한 페이지씩 녹음된 파일을 2~3번 따라 말하고, 이후에 과거와 과거분사 부분을 가리고 적어본 뒤에 다음 페이지를 익힌다.

책의 뒷날개를 뜯으면 불규칙 동사 암기 카드가 되는데, 점선을 따라 접으면 더욱 쉽게 익힐 수 있다.

공무원 생활영어 기출문제 33

1. 다음 대화에서 빈칸에 들어갈 말로 가장 적절한 것은? 2015 3차 경찰

A: Officer, I'd like to report a theft.
B: Yes, what was stolen?
A: I was robbed of my wallet in front of the hotel.
B: Okay, _____

① You need to fill this form out.
② I've already read the instructions.
③ the facts I reported were correct.
④ I'd like to be examined as soon as possible.

2. 다음 대화에서 빈칸에 들어갈 말로 가장 적절한 것은? 2015 2차 경찰

A: I'm thinking of quitting the job and doing something else.
B: What for? You seem to enjoy working for an international company. You said it was the one that helped prepare for your future career. What's the problem with the job you have?
A: (   )

① The transportation is convenient.
② The parking space is too large.
③ I want to become a lawyer.
④ The cafeteria is very cozy.

3. 다음 대화에서 빈칸에 들어갈 말로 가장 적절한 것은? 2014 2차 경찰

A: Hello, can I speak to Mr. Kim?
B: He is not available right now. (   )
A: Yes. Please tell him to call me back. My name is John Smith and my phone number is 253-3859.
B: Just a second. Let me get a pen. What was the number again?

① I am sorry and I'll hang up.
② Can I take message?
③ You have a collect call.
④ Can you speak up?

4. 다음 대화에서 빈칸에 들어갈 말로 가장 적절한 것은? 2014 2차 경찰

A: Do you have a large family?
B: I guess. Besides my mom and dad, I have three older brothers and two sisters.
A: Wow! You have a big family.
B: Do you have any siblings?
A: (   ) It gets lonely sometimes.
B: Really? Sometimes, I want to be alone!

① Yes, they are my bosom pals.
② Yes, I do.
③ No, I'm an only child.
④ No, I have few relatives.

공무원 생활영어 기출문제 33

경찰 ▶ 9급 ▶ 7급

5. 다음 중 의미하는 바가 나머지 셋과 다른 것은? 2009 2차 경찰

① Stop bugging me!
② Get off my back!
③ I have your back!
④ Enough is enough!

6. 밑줄 친 <u>I couldn't agree with you more.</u>와 같은 의미를 지닌 것은?

2010 1차 경찰

A: Mr. and Mrs. Edwards have such wonderful children!
B: Sure, they do.
A: Their children are very well mannered!
B: That's true.
A: And they are so friendly to everybody in the neighborhood.
B: <u>I couldn't agree with you more.</u>

① I am not quite sure
② I feel the same way
③ That may not be true
④ It's nice talking to you

7. 다음 대화 중 가장 어색한 것을 고르시오. 2011 2차 경찰

① A: How late is it open?
   B: It is open until seven.
② A: The movie was fantastic.
   B: I bet it was.
③ A: I hung out with Chuck yesterday.
   B: You must have had a good time.
④ A: Don't forget to lock the door.
   B: Oh, I didn't forget locking the door.

8. 다음 빈 칸에 순서대로 들어갈 말로 가장 적절한 것은? 2014 1차 경찰

A: Mom, my stomach _____.
B: Do you _____ a fever?
A: No, I don't think so.
B: Do you _____ nauseous?
A: No, not at all. But you know, I did have potato chips and peanut butter for dinner.

① hurts - feel - have
② feels - have - hurt
③ has - feel - hurt
④ hurts - have - feel

  1 ① 2 ③ 3 ② 4 ③ 5 ③ 6 ② 7 ④ 8 ④

공무원 생활영어 기출문제 33

9. 다음 대화의 흐름으로 보아 밑줄 친 부분에 가장 적절한 것은? 2015 서울시 9급

A: Do you have any vacancies?
B: I'm sorry. _____
A: I should have made a reservation.
B: That would have helped.

① How many people are there in your company?
② We're completely booked.
③ We have plenty of rooms.
④ What kind of room would you like?

10. 밑줄 친 부분에 들어갈 표현으로 가장 적절한 것은? 2015 지방직 9급

M: Would you like to go out for dinner, Mary?
W: Oh, I'd love to. Where are we going?
M: How about the new pizza restaurant in town?
W: Do we need a reservation?
M: I don't think it is necessary.
W: But we may have to wait in line because it's Friday night.
M: You are absolutely right. Then, I'll _____ right now.
W: Great.

① cancel the reservation
② give you the check
③ eat some breakfast
④ book a table

11. 밑줄 친 부분에 들어갈 가장 적절한 것은? 2015 사회복지직 9급

A: What do you say we take a break now?
B: _____
A: Great! I'll meet you in the lobby in five minutes.

① Okay, let's keep working.
② That sounds good.
③ I'm already broke.
④ It will take one hour.

12. 빈 칸에 들어갈 것으로 적절한 것은? 2014 지방직 9급

A: How did you find your day at school today, Ben?
B: I can't complain. Actually, I gave a presentation on drug abuse in my psychology class, and the professor (_____)
A: What exact words did he use?
B: He said my presentation was head and shoulders above the others.
A: Way to go!

① made some headway
② made a splash
③ paid me a complement
④ passed a wrong judgment

13. 밑줄 친 부분에 가장 적절한 것을 고르시오. 2015 국가직 9급

A: What business is on your mind?
B: Do you think that owning a flower shop has good prospects nowadays?
A: It could. But have you prepared yourself mentally and financially?
B: _____.
A: Good! Then you should choose a strategic place and the right segment too. You must do a thorough research to have a good result.
B: I know that. It's much easier to start a business than to run it well.

① I plan to go to the hospital tomorrow
② I can't be like that! I must strive to get a job
③ I'm ready to start with what I have and take a chance
④ I don't want to think about starting my own business

14. 밑줄 친 부분에 들어갈 가장 적절한 것은? 2015 사회복지직 9급

A: Hi, Gus. I'm glad to see you up and about.
B: Thanks. After that truck plowed into my car last month, I thought it was all over for me. I'm really lucky to be alive.
A: That's for sure. It must have been quite a traumatic experience for you. Has your car been repaired yet?
B: Yes, it has. But I won't be driving it anymore. I'm not taking any chances on being hit again.
A: Come on, now. You can't let one unfortunate incident keep you from ever driving again. _____
B: That's what people say, but for the time being, I'll be taking public transportation.

① A squeaky wheel gets the oil.
② It is better to be safe than sorry.
③ The grass is always greener on the other side.
④ Lightning never strikes twice in the same place.

공무원 생활영어 기출문제 33

경찰 ▶ **9급** ▶ 7급

15. 밑줄 친 부분과 의미가 가장 가까운 것을 고르시오. 2014 지방직 9급

John had just started working for the company, and he <u>was not dry behind the ears</u> yet. We should have given him a break.

① did not listen to his boss
② knew his way around
③ was not experienced
④ was not careful

16. 빈 칸에 들어갈 것으로 적절한 것은? 2014 사회복지직 9급

A: It's so hot in here! Do you have air-conditioning in your apartment?
B: You see that air-conditioner over there? But the problem is, it's not powerful enough.
A: I see.
B: But I don't care, cause I'm going to move out anyway.
A: _____
B: Well, I had to wait until the lease expired.

① You should've moved out a long time ago.
② You should've turned it on.
③ You should've bought another one.
④ You should've asked the landlord to buy one.

17. 빈 칸에 들어갈 것으로 적절한 것은? 2013 국가직 9급

Tom: Frankly, I don't think my new boss knows what he is doing.
Jack: He is young, Tom. You have to give him a chance.
Tom: How many chances do I have to give him? He's actually doing terribly.
Jack: _____.
Tom: What? Where?
Jack: Over there. Your new boss just turned around the corner.

① Speak of the devil
② I wish you good luck
③ Keep up the good work
④ Money makes the mare go

18. 밑줄 친 부분에 들어갈 표현으로 가장 적절한 것을 고르시오. 2013 지방직 9급

A: Do you know what Herbert's phone number is?
B: Oh, Herbert's phone number? I don't have my address book on me. _____
A: That's too bad! I've got to find him. It's urgent. If I can't find him today, I'll be in trouble!
B: Well, why don't you call Beatrice? She has his phone number.
A: I've tried, but no one answered.
B: Oh, you are so dead!

① I'll not let you down.
② I've got to brush up on it.
③ I can't think of it off hand.
④ Don't forget to drop me a line.

공무원 생활영어 기출문제 33

19. 밑줄 친 부분에 들어갈 표현으로 가장 적절한 것을 고르시오. 2013 국가직 9급

A: Look at this letter.
B: Ah yes, I thought it was something official looking. You're being fined for exceeding the speed limit, it says. Why weren't you fined on the spot?
A: _____.
B: They're installing more and more of them around here. You're going to have to be more careful in future.
A: You're not kidding. The fine is $60.

① Because the spot was too busy to be fined
② Because I could not find any camera to take it
③ Because I already paid for it when I was fined
④ Because I was photographed by one of speed cameras

20. 밑줄 친 부분에 들어갈 표현으로 가장 적절한 것을 고르시오. 2013 서울시 9급

A: Kate, I am too tired. It's only 7:30 in the morning! Let's take a rest for a few minutes.
B: Don't quit yet. Push yourself a little more. When I started jogging, it was so hard for me, too.
A: Have pity on me then. This is my first time.
B: Come on, Mary. After you jog another three months or so, you will be ready for the marathon.
A: Marathon! How many miles is the marathon?
B: It's about thirty miles. If I jog everyday, I'll be able to enter it in a couple of months.
A: _____ . I am exhausted now after only half a mile. I am going to stop.

① Count me out!
② Why shouldn't I enter the marathon?
③ Why didn't I think of that?
④ I don't believe so.
⑤ Look who is talking!

정답: 15 ③ 16 ① 17 ① 18 ③ 19 ④ 20 ①

21. 밑줄 친 부분에 들어갈 표현으로 가장 적절한 것은? 2011 국가직 9급

A: What are you doing?
B: I'm looking at my calendar. I have a dental appointment tomorrow.
A: Tomorrow? But we're going to Jim's wedding tomorrow.
B: Yes, I know. _____.
A: Is it for a regular checkup?
B: No. It's just for the cleaning.

① You must cancel the appointment
② You have to mark it on the calendar
③ I don't want to see my doctor
④ I need to reschedule it

22. 대화의 흐름으로 보아 밑줄 친 부분에 들어갈 가장 적절한 것을 고르시오. 2012 사회복지직 9급

A: Tom, can I borrow your new car? I have a date tonight.
B: Well, I am supposed to give my brother a ride to the airport this evening.
A: In that case I can take your brother to the airport before I go to meet my girl friend.
B: _____

① All my fingers are thumbs.
② Yes, I'd love to.
③ I'll make a day of it.
④ OK, it's a deal.

23. 대화의 흐름으로 보아 밑줄 친 부분에 들어갈 가장 적절한 것을 고르시오. 2012 국가직 9급

A: Hey, my poor buddy! What's the problem?
B: You know I took over this presentation all of a sudden. And tomorrow is the due date for the presentation. I couldn't even start it yet.
A: Look! I'm here for you. _____

① What are friends for?
② Everything's up in the air.
③ What does it have to do with me?
④ you'd better call a spade a spade.

24. Which is correct according to the dialogue? 2011 서울시 9급

Jake: Mary, you look down, What's up?
Mary: You don't want to know, Jake. My car was broken into last night.
Jake: I'm sorry. You have the car alarm on your car, don't you?
Mary: No, I didn't think I needed one.
Jake: You're asking for it if you leave your car without security system in this area.
Mary: I should have known better.

① Jake had his car stolen last night.
② Mary needs to buy a new car.
③ Mary set the car alarm off.
④ Jake doesn't want to know about Mary's story.
⑤ Mary was inattentive about car safety.

공무원 생활영어 기출문제 33

25. 다음 대화에서 고객이 컴퓨터 구입을 미룬 이유는? 지방직 9급

A: I'm organizing my office and I need the latest computer model.
B: Yes, sir. Here is the best computer we have.
A: How much is it?
B: One thousand and five hundred dollars. But a complete set will cost about two thousand dollars.
A: Really? That's a little over my budget.
B: If you think it too expensive, you can wait till next week. We're going to offer 20% Christmas discount.
A: Really? That's nice! Maybe I can buy then. By the way, what does the set include?
B: It includes the basics: a monitor, disk drivers, a keyboard, and a mouse. It also includes a printer.
A: Oh, that's perfect. I'll take it next week.

① The computer is available only on Christmas.
② The computer is not the latest model.
③ He can get 20% off next week.
④ The set doesn't include a printer.

26. 대화의 흐름으로 보아 밑줄 친 부분에 들어갈 가장 적절한 것을 고르시오. 2012 국가직 9급

A: Oh, that was a wonderful dinner. That's the best meal I've had in a long time.
B: Thank you.
A: Can I give you a hand with the dishes?
B: Uh-uh, _____. I'll do them myself later. Hey, would you like me fix some coffee?
A: Thanks a lot. I'd love some. Would you mind if I smoke?
B: Why, not at all. Here, let me get you an ashtray.

① help yourself
② don't bother
③ if you insist
④ here they are

공무원 생활영어 기출문제 33

경찰 ▶ 9급 ▶ **7급**

27. 대화의 흐름으로 보아 밑줄 친 부분에 들어갈 말로 가장 적절한 것을 고르시오. 2013 지방직 7급

A: You look exhausted.
B: I didn't sleep a wink last night.
A: Why? What's the matter?
B: I just worried about the exam.
A: _____. I am sure you will do all right.
B: I hope so.

① No sweat
② You name it
③ Out you go
④ Take the lead

28. 두 사람의 대화 중 가장 어색한 것은? 2014 지방직 7급

① A: I might have to give my dad a ride to the train station, but I don't know the exact time yet.
   B: Let's play it by ear then. Just call me when you find out for sure.
② A: I was at a party last night, and I saw Jake play the guitar in front of an audience.
   B: Speak of the devil. Jake is right there.
③ A: Did he apologize to you for the accident?
   B: Yes, but I don't buy it.
④ A: I hear your son wants to go on spring vacation with that girl, Sally.
   B: I told him to grab a bite.

29. 두 사람의 대화 중 가장 자연스러운 것은? 2011 지방직 7급

① A: Could you break this bill for me, please?
   B: Sorry. You're wrong.
② A: Let's call it a day!
   B: OK, we can finish it tomorrow.
③ A: He should have arrived earlier.
   B: You're right. How couldn't he come?
④ A: I'm not very good at math. How about you?
   B: Me, too. I'm well qualified for teaching you.

30. 두 사람의 대화 중 가장 어색한 것은? 2011 지방직 7급

① A: What's eating you?
   B: I am having a steak.
② A: Did you watch the game last night?
   B: Yeah, it ended in a tie.
③ A: Look at this jacket. It was only $10.
   B: Wow! It's a steal. Where did you get it?
④ A: I have butterflies in my stomach. I'm not sure whether I can walk out onto the stage.
   B: Don't be nervous. Break a leg!

공무원 생활영어 기출문제 33

경찰 ▶ 9급 ▶ **7급**

31. 대화의 흐름을 보아 밑줄 친 부분에 들어갈 가장 적절한 것은? 2012 국가직 7급

A: Where do you have in mind for this winter vacation?
B: I'm going to Muju ski resort this coming weekend!
A: Sounds great! But I've heard there will be a heavy snowfall.
B: No matter what, _____
A: Come on! Think twice about it. It might risk your life.

① my mind is set.
② I want to return your favor.
③ I can't place your face.
④ give me a ballpark figure.

32. 두 사람의 대화 중 자연스럽지 않은 것은? 2012 지방직 7급

① A: There's something really bothering me.
　B: Get it off your chest. It'll make you feel better.
② A: Oh, you're chewing your fingernails.
　B: Well, I didn't know that. I'm a little on edge right now.
③ A: Fill it up with unleaded, please.
　B: Shall I also check the oil and the tires?
④ A: He's seventy years old. He's over the hill now.
　B: I wouldn't go that slow. That's too dangerous.

33. 대화의 흐름을 보아 밑줄 친 부분에 들어갈 가장 적절한 것은? 2011 국가직 7급

A: I'm sorry that I kept you waiting, but I don't feel very well today.
B: You don't look good either. What's the matter with you?
A: I had to stay up last night since my economy report is due today.
B: _____
A: No, I couldn't. I couldn't find useful references to support my position.
B: Take it easy. There is nothing that is more important than your health.

① Sorry to hear that. Did you wrap it up?
② That's too bad. What don't you take some rest?
③ You must be relaxed now. Could you support us?
④ That's bad for your health. By the way, did you find your sponsor?

27 ①　28 ④　29 ②　30 ①　31 ①　32 ④　33 ①

| 현재 | 과거 | 과거분사 | 의미 |

동사의 불규칙 변형 연습문제는 p.126

A-B-C

현재	과거	과거분사	의미
am, is	was	been	상태·모습이다
are	were	been	상태·모습이다
do, does	did	done	(행동)한다
fly	flew	flown	날다
see	saw	seen	봐서 알다
begin	began	begun	시작하다
drink	drank	drunk	마시다
ring	rang	rung	울리다
shrink	shrank	shrunk	줄어들다
sing	sang	sung	노래하다
sink	sank	sunk	가라앉다
swim	swam	swum	수영하다

A-A-A 끝 철자가 t

현재	과거	과거분사	의미
bet	bet	bet	걸다
broadcast	broadcast	broadcast	방송하다
burst	burst	burst	폭발하다
cost	cost	cost	비용이 들다
cut	cut	cut	자르다
fit	fit	fit	딱 맞다
hit	hit	hit	치다
hurt	hurt	hurt	다치게 하다
let	let	let	허락하다
put	put	put	놓다
quit	quit	quit	그만두다
set	set	set	놓다
shut	shut	shut	닫다

A-B-A+n

현재	과거	과거분사	의미
bid	bade	bidden	입찰하다
blow	blew	blown	불다
draw	drew	drawn	끌다, 그리다
drive	drove	driven	운전하다

현재	과거	과거분사	의미

동사의 불규칙 변형 연습문제는 p.126

현재	과거	과거분사	의미
eat	ate	eaten	먹다
fall	fell	fallen	떨어지다
forbid	forbade	forbidden	금지하다
forgive	forgave	forgiven	용서하다
give	gave	given	주다
go	went	gone	가다
grow	grew	grown	자라다
know	knew	known	알다
ride	rode	ridden	(탈것을) 타다
rise	rose	risen	솟아오르다
sew	sewed	sewed/sewn	꿰매다
shake	shook	shaken	흔들다
show	showed	shown	보여 주다
take	took	taken	가져가다
throw	threw	thrown	던지다
write	wrote	written	글씨를 쓰다

A-B-B+n

현재	과거	과거분사	의미
bear	bore	born/borne	낳다
beat	beat	beaten	치다
bite	bit	bitten	물다
break	broke	broken	부수다
choose	chose	chosen	고르다
forget	forgot	forgot/forgotten	잊다
freeze	froze	frozen	얼리다
get	got	got/gotten	(없던 것이) 생기다
hide	hid	hidden	숨기다
lie	lay	lain	눕다
speak	spoke	spoken	말하다
steal	stole	stolen	훔치다
swear	swore	sworn	맹세하다
tear	tore	torn	찢다
wake	woke	woken	(잠을) 깨우다
wear	wore	worn	입다

| 현재 | 과거 | 과거분사 | 의미 |

동사의 불규칙 변형 연습문제는 p.126

A-B-A

현재	과거	과거분사	의미
become	became	become	되다
come	came	come	오다
run	ran	run	달리다

A-B-B 자음, 모음 변화

현재	과거	과거분사	의미
bring	brought	brought	가져오다
buy	bought	bought	사다
catch	caught	caught	붙잡다
fight	fought	fought	싸우다
seek	sought	sought	찾다
teach	taught	taught	가르치다
think	thought	thought	생각하다
creep	crept	crept	기다
feel	felt	felt	느끼다
keep	kept	kept	유지하다
kneel	knelt/kneeled	knelt/kneeled	무릎 꿇다
sleep	slept	slept	자다
sweep	swept	swept	쓸다
weep	wept	wept	(흐느껴) 울다
leave	left	left	(남기고) 떠나다
lose	lost	lost	잃다, 지다
sell	sold	sold	팔다
tell	told	told	말하다

A-B-B 자음 변화

현재	과거	과거분사	의미
bend	bent	bent	구부리다
build	built	built	짓다
burn	burnt/burned	burnt/burned	태우다
deal	dealt/dealed	dealt/dealed	다루다
mean	meant	meant	의미하다
send	sent	sent	보내다
spend	spent	spent	소비하다

현재	과거	과거분사	의미
		동사의 불규칙 변형 연습문제는 p.126	
have, has	had	had	가지다
hear	heard	heard	듣다
lay	laid	laid	눕히다
pay	paid	paid	지불하다
say	said	said	말하다
make	made	made	만들다

A-B-B 모음 변화

현재	과거	과거분사	의미
bind	bound	bound	묶다
find	found	found	찾다
dig	dug	dug	파다
hang	hung	hung	걸다
stick	stuck	stuck	붙다
sting	stung	stung	찌르다
strike	struck	struck	치다
swing	swung	swung	흔들리다
win	won	won	이기다
feed	fed	fed	먹이다
hold	held	held	붙잡고 있다
lead	led	led	이끌다
meet	met	met	만나다
read	read	read	읽다
shine	shone	shone	빛나다
shoot	shot	shot	쏘다
sit	sat	sat	앉다
slide	slid	slid	미끄러지다
spit	spit/spat	spit/spat	침 뱉다
stand	stood	stood	일어서다
understand	understood	understood	이해하다

마이클리시 커리큘럼

입문　　　　　　　　　　초급

말하기·쓰기 기본서

8문장으로 끝내는　　8시간에 끝내는　　8시간에 끝내는　　4시간에 끝내는
유럽여행 영어회화　　기초영어 미드천사　　기초영어 미드천사　　영화영작: 기본패턴
　　　　　　　　　　:왕초보 패턴　　　　:기초회화 패턴

2시간에 끝내는　　어휘　　　　6시간에 끝내는　　　　6시간에 끝내는
한글영어 발음천사　2018년　　생활영어 회화천사　　　생활영어 회화천사
　　　　　　　　　　　　　　5형식/준동사　　　　　전치사/접속사/조동사/의문문

읽기

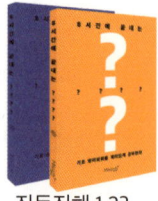   

　　　　　　　영어공부xxxx
직독직해 1,2?　　2017년　　　　직독직해 3?　　직독직해 4?
2017년　　　　　　　　　　　　2018년　　　　2018년

듣기는 원어민 음성 MP3로
모든 책(나쁜 수능영어 제외)에 포함되어 있습니다
문법은 활용 가능한 방식으로
모든 책에 적용되어 있습니다

중급   **고급**

4시간에 끝내는
영화영작: 응용패턴

4시간에 끝내는
영화영작: 완성패턴

명언
2017년 10월

영화?
2018년

연설
2017년 10월

??
2018년

직독직해 5,6?
2019년

잠언 직독직해

직독직해 7?
2019년

같이 보면 좋은 책

8시간에 끝내는 기초영어 미드천사

기초영어 미드천사

왕초 보패턴

Mike Hwang 지음

Top10 미드추천, 1004문장으로 기초 영어공부 혼자하기!

Miklish

우사*
영어책을 사서 **지루하다고 느끼지 않고** 계속 공부한 책은 **이 책이 처음**이네요. 무작정 외우기만 했던 문법들이 **이해가 되면서 조금씩 영어에 재미**를 느끼고 있습니다.

히응히**
항상 작심삼일이다가 이번에 미드천사 통해서 **한 달 넘게 하고 있어요.** 감사합니다!

츄팝**20
부담 없이 매일 조금씩~ **안 들리던 게 하나씩 들릴 때** 기분이 너무 좋아요^^

양*
학원도 다니면서 책도 보면서 공부 중인데 **이해 안 되던 부분들 책 보면서 이해**하고 있습니다^^너무너무 좋아요!!!!!!!!!!!!!!!!

rd**m
일방적이지 않다는 것이 바로 이것이구나를 실감케 해주는 강의인 것 같습니다. **꾸준하게 하고 싶은 욕구가 마구** 생기네요

블루*
영어공부 영어책 수많은 것 중 **가장 잘 와 닿는 것** 같아요. 조금씩 재미가 붙는 게.. 기대가 돼요^^

IL*
와 팟캐스트 들어봤는데요.. **어머님이 얼마나 느실지 정말 궁금**하네요 ^^ 화이팅입니다.!!

60대 어머니는 영어를 정복할 수 있을까요?
goo.gl/frbbjj

미드 명대사 1004어휘 무료강의로 익히는

8시간에 끝내는 기초영어 미드천사

왕초보패턴

기초회화패턴

감사드립니다

**제가 잘나서 좋은 책을 만들었다고 생각하지 않습니다.
이분들이 계셔서 이 책이 만들어질 수 있었습니다.**

책으로 세상에 기여할 수 있는 능력과 환경을 주신 여호와께, 예수님께 감사드립니다. (신명기 6장 4절~5절: 이스라엘아 들으라 우리 하나님 여호와는 오직 하나인 여호와시니 너는 마음을 다하고 성품을 다하고 힘을 다하여 네 하나님 여호와를 사랑하라)

집필에 집중할 수 있도록 도와준 아내 이향은께 감사드립니다. 강의를 녹음하려고 멀리서 와주신 어머니 김행자께 감사드립니다. 어머니 대신 가게를 봐주시고 중요한 조언을 해주신 아버지 황오주께 감사드립니다. 저희 가정을 여러모로 돌봐주신 장인 어르신 이순동과 장모님 김분란께 감사드립니다. 집필하느라 많은 시간을 같이하지 못한 첫째 루나와 둘째 다하에게도 감사드립니다.

예전 두가지영어를 출간해주신 와이엘북 이선표 대표님께 감사드립니다. 두가지영어를 보완하는데 조언을 해주신 권순택 선생님, 윤혜란님, 이원경 선생님께 감사드립니다. 책의 문장을 녹음해준 Daniel Neiman께 감사드립니다.

영어를 깊이있게 가르쳐주신 선생님들(교수님들)께 감사드립니다: 강수정, 김경환, 문영미, 박태현, 임준영. 저만의 영어를 만들 수 있도록 제게 배우고 질문해주신 수많은 학생들과 마이클리시 회원분들께 감사드립니다. 북디자인을 가르쳐주신 김태형, 안광욱, 안지미 선생님께 감사드립니다. 함께 배웠던 북다지이너분들께 감사드립니다.

인쇄·제작해준 동양인쇄(010-6264-7324) 구완모 부장님과 직원분들께 감사드립니다. 보관 및 발송해주시는 출마로직스(010-5240-9885) 윤한식 대표님과 직원분들께 감사드립니다. 책을 판매해주시는 MD분들 교보문고(김효영, 장은해), 랭스토어(김선희, 한광석, 홍정일), 북센(송희수), 반디앤루니스(김은선, 홍자이), 세원출판유통(강석도) 알라딘(김채희), 영풍문고(임두근,장준석), 인터파크(김하연), 한성서적(문재강)께 감사드립니다. 지면이 부족해 적지 못한 각 오프라인 서점 MD분들께 감사드립니다.

책을 소개해주신 모든 잡지사와 신문사 관계자분들, 네이버 카페, 블로그, 포스트 관계자분들, 책의 리뷰를 써주신 모든 분들께 감사드립니다.

이 책을 구매해주신 모든 분들께 감사드립니다. 좋은 책으로 또 인사드리겠습니다.

저자로 참여!

....

6시간에 끝내는 생활영어 회화천사:
전치사/접속사 조동사/의문문과 같은
문법 구조의 추가문장 120개 중에
1. 마음에 드는 문장을 골라
2. 사진과 문장을 보내면 이벤트 완료!

참여하신 모든 분께
늦어도 2018년 1월까지
생활영어 회화천사의 다음 단계인
새로운 신간과 함께
추가문장 120 책을 보내드립니다.

큰 성취감과 함께 평생 잊지 못할
추억이 되리라 자신합니다.

참여 주소:
goo.gl/ocxx9s